15세기 조선 사람과 만나다
미아보호소부터 코끼리 유배까지

금요일엔
역사책

5

15세기 조선 사람과 만나다

·

신동훈 지음

미아보호소부터 코끼리 유배까지

한국역사연구회
역사선

푸른역사

○

들
어
가
며

제가 《조선왕조실록》을 읽기 시작한 것은 대학원 석사과정에 들어가고 나서였습니다. 대학원 과정을 통해 사료를 읽는 법과 사료를 해석하는 법을 배웠지만, 《실록》은 또 다른 영역이었습니다. 분량이 너무나 방대했기 때문입니다. 그렇다고 특정 대목만 발췌해서 읽어 조선 시대의 특징을 파악하는 것은, 저에게는 너무나 어려운 일이었습니다.

본격적으로 《실록》을 읽기 시작한 것은 은사님으로부터 '《실록》을 읽어내는 감각'을 사사받으면서부터였습니다. 이후 석사학위 논문을 준비하면서 《인종실록》·《명종실록》 전체와 임진왜란 발발 전까지의 《선조실록》을 읽었습니다.

사실 사료를 읽는다는 것은 역사 공부의 시작이자 끝이기에 동료 선생님들을 만날 때면, '내가 사료를 읽고 있다'라는 사실을 인식하지 못합니다. 이를 인식할 때는 연구와 관계없는 고등학교 동창이나 취미로 만난 분들을 만날 때입니다. "○○드라마에서 봤던 어느 어느 부분이 진짜예요?", "그다음은 어떻게 돼요?" 등의 질문을 심심치 않게 받습니다. 그럴 때마다 저는 제가 알고 있는 모든 기억을 총동원하여 최대한 사실관계를 바로잡아주면서, 드라마에 담겨 있지 않은 내용을 더 알려줍니다. 왜냐하면 저에게 저런 질문들을 하는 것은 사실관계를 바로잡아달라는 것뿐 아니라, 그와 관련된 재미있는 이야기를 해줄 것이라는 기대가 숨어 있기 때문입니다. 그래서 저는 "당시 《실록》에 보면요~"라고 하면서 제가 흥미롭게 읽었던 부분들을 말해줍니다. 물론 저도 사람인지라 완벽하게 기억할 수 없기 때문에, 썰을 푸는 과정에서 과장, 변형, 왜곡 등이 없지 않을 것입니다. 하지만 사실관계에 그릇된 점은 없을 겁니다. 적어도 조선 시대에 그러한 일들이 있었다는 것은 사실이라는 것이죠.

최근 '밸런스 게임'이 유행하고 있습니다. 극한 상황 A와 B 중에서 어떤 것을 선택할 것인지를 묻는 놀이인데, 사실 이런 종류의 질문은 그 유래가 오래되었습니다. "엄마가 좋아? 아빠가 좋아?"는 어렸을 때 삼촌·이모 혹은 삼촌·이모를 자칭하는 분들로부터 숱하게 받았던 질문이고, 지금 이 순간에도 어느 공간에서 이뤄지고 있을지도 모를 질문입니다.

몇 해 전 이슈였던 드라마 〈미스터 션샤인〉에는 미국 국적의 조선 사람, 일본 국적의 조선 사람, 그냥 조선 사람 3명이 만나 서로 물에 빠지면 누구를 구할 것이냐고 묻는 장면이 나옵니다. 이 장면이 사람들에게 재미있다고 느껴진 까닭은 "물에 빠지면 누구를 구할 것이냐?"는 극한의 밸런스 게임이기 때문입니다.

이러한 유형의 대표적인 질문이 "엄마하고 나하고 물에 빠지면 누구를 먼저 구할 거야?"라는 것입니다. 이 질문에 정답은 없겠지만, 적어도 조선 사람들이 생각한 이상적인 답을 《실록》에서 확인할 수 있습니다. 《성종실록》(권285, 성종 24년 12월 21일(신사))에 수록된 관련 기록을 요약해서 말씀드리면 다음과 같습니다. 단성현(현 경상도 산청군 단성면)에 공노비 천년이 살고 있었습니다. 천년은 물가에 살고 있었는데, 6월 홍수로 물이 넘쳤습니다. 집이 물에 모두 잠길 위험에 처하자, 천년은 처자를 두고 어머니를 업고 탈출했습니다. 여기서 물가는 아마도 경호강(=남강)으로 보입니다. 예조는 경상도 관찰사의 보고에 의거해 천년의 효심을 포상하자고 했고, 성종은 이를 수락했습니다. 여기서 주목되는 것은 천년의 포상을 수락하는 과정에서 보인 성종의 생각입니다. "보통 사람의 인정은 처가 먼저이고 어미가 나중인데, 천년의 일은 진실로 가상하다. 이 상은 너무 박하지 않은가?"

성종의 이 발언에서 두 가지를 알 수 있습니다. 첫째는 조선 사람들이 생각한, 어머니와 처자식이 물에 빠졌을 때의 이상적인 행동은 어머니를 구하는 것이라는 점입니다. 조선에서 효를 얼마나 중요하게 생각했는지를 알 수 있는 대목입니다. 만약 조선에서 위와 같은 질문을 받았다면, 어머니를 구하는 것이 당연하다고 답해야 했을 것입니다. 그러나 성종의 발언에서 알 수 있는 다른 하나는 일반적으로는 처자식을 구했을 것이라는 점입니다. 처자식을 구하는 것이 인정, 곧 인지상정人之常情이라는 것을 성종이 분명히 말하고 있기 때문입니다. 결국 이 사례에서 알 수 있는 것은 조선 사람들은 위기에 처했을 때 처자식을 구하는 것이 인지상정이었지만, 더 높은 가치인 효를 우선에 두고 효를 행하는 사회를 구현하기 위해 노력했다는 점입니다.

물론 조선에서도 '효'와 대비되는 패륜적인 사건이 종종 있었습니다. 천년의 일이 있기 1년 전인 성종 19년에는 음죽현에서 친모 살인 사건이 있었고, 같은 해인 성종 20년에는 한양에서 사노 영산이 아내와 모의하여 친모를 죽인 사건도 발생했습니다. 두 사건이 연이어 벌어지자 성종은 의정부에 교화에 힘쓰라는 유시를 내렸습니다. 성종은 유시 말미에, "진실로 마음이 아파, 침식을 폐할 지경이다"라고 심경을 드러냈습니다. 누구보다 유학 경전의 내용에 충실했던 성종이기에, 도성에서 벌어진 존속살인은 상당한 충격이었던 것입니다.

이 책은 15세기 《조선왕조실록》 가운데 《태조실록》부터 《성종실록》까지에 담겨 있는 재미있는 일화를 골라 그에 대한 이야기를 담은 것입니다. 학술서적에서 다루지 않는, 15세기 한반도에서 살았던 사람들의 이야기를 담고자 했습니다. 특정 주제 없이 동떨어진 사료들을 다루다 보니 내용이 하나로 모이지 않을 수 있습니다. 그러나 이는 우리의 삶도 마찬가지이지 않을까요? 우리도 우리가 사는 반경을 조금만 넘어서면, 같은 시간 다른 공간에서 어떠한 일이 어떻게 벌어지고 있는지 모르고 살고 있습니다. 그러니 '이러한 모습도 있었구나'라고 생각하면서 흥미진진한 옛날이야기를 접해보시기 바랍니다.

마지막으로, 불친절한 사료를 쉽고 직관적으로 서술하다보니 사료를 확대하여 의미 부여하는 경우를 우려하지 않을 수 없을 것 같습니다. 조선 시대와 현재 우리 시대를 연결하려는 필자의 욕심이었다고 이해해주시기를 소원합니다.

2023년 봄
신동훈

차
례

01

어서 와~ 조선은 처음이지?
조선을 찾은 외국 친구들

동남아시아에서 온 사신들

동아시아 국가 간의 외교는 고대부터 지속된 조공·책봉을 매개로 이뤄졌습니다. 일반적으로 조공·책봉은 하나의 묶음으로 이뤄진 것으로 알려져 있습니다. 하지만 내부를 들여다보면 조공·책봉은 각각 독립적이면서도 서로 연결되어 있는 관계였습니다. 외교는 나라와 나라 사이에 이뤄지는 고도의 정치 행위입니다. 이는 필연적으로 정치·경제·문화 등 각국의 내부 요인과 연결됩니다. 따라서 조공·책봉을 정의하는 전형적인 형태가 있다 하더라도, 실제로 그것이 그대로 행해지는 경우는 많지 않았습니다. 조공을 하는 쪽과 받는 쪽, 책봉을 하는 쪽과 받는 쪽 모두 각자의 사정에 따라 다양한 변주를 만들어냈고, 그로 인해 양국의 관계는 변화했습니다. 즉 조공·책봉이라는 옷을 입고 있지만, 형태만 같았을 뿐 옷감의 재료와 두께, 색깔 등은 모두 달랐던 것입니다.

조선의 외교는 명과 일본, 양국에 집중되었습니다. 특히 조선은 고려 말 홍건적과 왜구로부터 받은 피해를 기억하고 있었기 때문에 더욱 그러했을 것입니다. 물론 기본적으로 (지금도 마찬가지겠지만) 인접한 국가일수록, 그리고 대상국의 힘이 강할수록 그 국가의 동향은 관심의 대상이기 마련입니다. 조선도 일본보다는 명에 대해 더 높은 관심을 갖고 있었습니다. 흥미로운 부분은 군사적 위협이 줄어들어갔음에도 불구하고, 명에 대한 조선의 관심이 더욱 높아졌다는 점입니다. 유독 심해 보이는 '조선의 명 바라기'는 후대 역사가들의 관심을 받았습니다. 이유가 궁금했던 것이지요.

그런데 당시 명·일본 이외에도 조선과 관계를 맺기 위해 찾아온 국가들이 있었습니다. 유구琉球·섬라暹羅·조와국爪蛙國(각각 현재 일본 오키나와현, 태국, 인도네시아 자바 지역에 해당한다) 등이 바로 그들입니다. 이 가운데 조선과 유구의 관계는 조선과 일본의 관계 혹은 별도의 관계를 살피는 연구서 및 대중서로 출간되었습니다. 반면 섬라·조와와의 관계를 다룬 연구서나 대중서는 찾기 힘듭니다. 사실 '외교'라는 이름으로 묶인 관계 외에는 그다지 관심을 갖지 못했던 것이 주된 이유일 것입니다. 따라서 여기서는 바닷길을 통해 조선을 찾아왔던 섬라·조와의 사신들, 바다에서 피랍되어 타국으로 가게 된 조선인들에 대해 이야기해 보겠습니다.

과거 바다는 땅 끝에서 만나게 되는 거대한 단절이었습니다. 하지만 한편으로는 위험한 고속도로이자 또 다른 세계를 만날 수 있는 관문이었고, 또 다른 한편으로는 독립된 공간으로서 무수히 많은 이야기를 만들어내는 공간이었습니다. 그 바다 너머에 있던 섬라와 조와를 향해 떠나 보겠습니다.

대궐 문을 지킨 태국 출신 토인들

명, 일본, 유구를 제외하면 《실록》에서 가장 먼저 등장하는 국가는 섬라곡暹羅斛입니다. 여기서 섬라곡은 앞의 섬라와 같은 나라입니다. 호칭은 미세하게 다를 수 있습니다. 지금처럼 표준 외래어 표기법이 있던 것이 아니기 때문입니다. 아마도 중국에서 그들이 말하는 소리를 듣고 그와 가장 유사하게 발음할 수 있는 표기로 옮기고, 조선은 그 한자를 그대로 가지고 와서 우리가 한자를 읽는 발음 그대로 읽었을 것입니다. 이와 비슷한 예는 'France'입니다. 중국 사람들이 프랑스 사람들의 자국 이름 발음을 듣고 '佛蘭西'로 옮겼고, 이를 조선에서 수용한 후 조선식 한자어 발음으로 읽었기 때문에 프랑스가 '불란서'가 된 것이지요. 실제로 중국어로 '佛蘭西'를 발음하면 우리가 읽는 불란서와는 전혀 다르게 들립니다. 좀 더 원어 발음에 가깝지요. 섬라곡·조와 등의 표기도 아마 이와 같았을 것입니다.

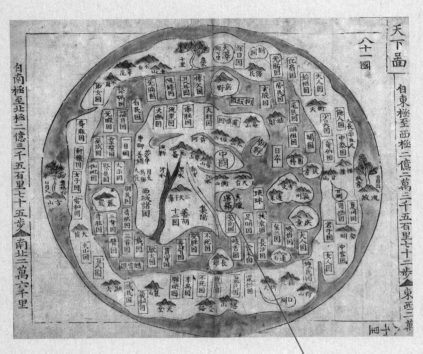

[그림 1] 〈천하도天下圖〉
《구주도九州圖》(조선 후기).
목판본의 지도첩. 가운데 부분에 '섬라暹羅'가 표기되어 있다.
* 소장처: 국립중앙박물관.

그러면 조선은 섬라곡·조와 등과 어떻게 관계를 맺었을까요? 먼저 섬라곡국부터 보죠.

> 섬라곡국에서 내乃(섬라곡국의 관직 이름) 장사도張思道 등 20인을 보내어 소목蘇木 1천 근, 속향束香 1천 근과 토인 2명을 바치니, 임금이 두 사람으로 하여금 대궐 문을 지키게 하였다《태조실록》권3, 태조 2년 6월 16일 경인).

이 사료는 섬라곡국에서 사람을 보내 물건과 사람을 바쳤다는 내용입니다. 표현은 '바쳤다'라고 했지만, 국가 간 관계를 맺기 위한 선물로 보는 편이 타당할 것입니다. 우리가 누군가의 집에 갈 때 빈손으로 가지 않는 것처럼, 섬라곡국 또한 선물로 낯선 조선의 마음을 열고자 했던 것이지요.

'내乃는 섬라곡국의 관직 이름이다'라고 부가 설명이 달려 있습니다. 이는 당시 사관과 《실록》편찬 담당자가 이러한 정보는 기록해두어야 한다고 판단했기 때문일 것입니다. 내乃는 나이[奈]와 같은 말로서 타이어 '나이nai'를 의미하는데, 태국의 왕실 무역선 선장이라는 뜻이었습니다. 이런 의미를 알기 어려웠던 조선은 내乃를 관직 이름으로 파악했던 것입니다. '내乃'가 비록 정규 관원은 아니었지만, 일종의 특수 임무를 부여받았기에 '관직'으로 파악한 당시 조선 사람들의 시각은 틀리지 않았다고 생각합니다.

섬라곡국에서 선물로 가져온 품목은 소목과 속향이었습니다.

이것들은 약재로서, 주로 동남아 지역과 중국 남부 지역에서 생산되었습니다. 특히 소목은 조선에서는 생산되지 않는 것이었고, 속향도 명에서 선물로 보내주었다는 기록들이 확인되는 것으로 보아 소목처럼 조선에서 나지 않았던 것으로 보입니다. 이러한 조선의 사정을 떠나 섬라곡국의 입장에서 생각한다면, 낯선 나라에 가는 것이기 때문에 아마도 줄 수 있는 것 중에서 가장 좋은 것 혹은 줬을 때 상대방이 좋아할 만한 것 등을 고려하여 품목을 택하지 않았을까요? 우리도 지인의 집에 초대받아 가게 되면, '빈손으로 갈 수 없지' 하면서 선물을 고민하게 됩니다. '무엇을 좋아할까?' 혹은 '무엇이 필요할까?'와 더불어 '내가 무엇을 해줄 수 있지?'를 적절하게 조합하여 선물을 고릅니다. 섬라곡국도 크게 다르지 않았을 것입니다. 즉 소목과 속향은 섬라곡국이 자랑할 수 있으면서도 상대방 또한 좋아할 것이라는 경험이 축적된 '검증된 선물'이었다고 보아야 할 것입니다.

흥미로운 부분은 토인 2명을 바쳤다는 기록입니다. 태조가 이들에게 대궐 문을 지키게 했다는 기록도 흥미롭습니다. 토인이라는 표현으로 보아 이들은 섬라곡국 출신으로 조선 사람들과 전혀 다른 외모를 갖고 있었을 것입니다. 이들이 궁궐 앞에 서 있을 때, 그 모습을 보던 조선 사람들은 어떤 기분이었을까요? 사실 우리 사회에서 전통 시대의 경비병은 관광 자원으로 활용되는 경우가 많습니다. 궁궐의 수문장 교대식이 대표적이죠. 이는 현재 경비병과 다른 차림의 이질적인 존재들을 '신기하다'라고 여기기 때문일 것입니다. 태조가 토인들을 관광 자원으로 사용했을 리는 만무하지만, 섬라곡국 사람들이 서 있는 대궐을 바라보면서 조선 사람들은 어떤 생각을 했을까요? 신기하지 않았을까요?

섬라곡국과 조선의 관계는 1391년 7월, 그러니까 고려 공양왕 재위 때로 거슬러 올라갑니다. 《고려사》 기록에 따르면, 내공柰工 등 8명이 와서 토산물을 바쳤습니다. 고려는 날인 등 문서 서식이 조악하다는 이유로 위조를 의심했으나, 믿지 않을 이유도 없다면서 섬라곡국 사람들을 응접했습니다. 공양왕이 그들을 직접 맞이했습니다. 의례적인 대화가 오갔을 것으로 보이는 이 자리에서, 공양왕은 섬라곡국에서 고려까지 시간이 얼마나 걸리는지 물어보았고, 내공 등은 북풍이 불면 40일이면 오지만 이번에는 일본을 거쳐 오느라 1년이 걸렸다고 답했습니다. 동력 기관이 없던 시절임을 감안하면, 동남아에서 고려까지 한 번에 오기는 쉽지 않았을 것입니다. 아마도 동남아에서 유구, 유구에서 일본 규슈, 규슈의 하카타博多에서 대마도를 거쳐 조선으로 오는 경로가 안정적이었을 것입니다. 따라서 적어도 1년이 소요된다는 답변은 사실이었던 것으로 생각됩니다.

《고려사》 기록의 말미에는 섬라곡국 사람들에 대한 관찰 기록이 보입니다. 외형적으로는 옷통을 벗거나 맨발인 사람들이 있으며, 지위가 높은 사람은 흰 두건으로 머리카락을 싸맸다는 기록이 있습니다. 지위가 낮은 사람이 높은 사람을 보면 옷을 벗어 몸을 드러내는 문화가 있다는 내용도 있습니다. 옷 벗는 이유를 알

[그림 2] 섬라곡국 백성

〈섬라暹羅國〉,《고금도서집성古今圖書集成 방여휘편方輿彙編 변예전邊裔典 제101권》

(1700~1725). 예로부터 전해 내려오는 전적에서 같은 분류와

관계 있는 기사를 발췌해서 모은 18세기 중국 청대의 백과사전.

섬라곡국 백성이 그려져 있는데《고려사》 기록과 마찬가지로 웃통을 드러낸 모습이다.

기 위해 세 번 통역을 거쳤다고 했는데, 아마도 섬라곡국→유구
→일본(규슈)→고려(=조선) 말로 통역했을 가능성이 커 보입니다.

여기서 잠깐, 왜 유구와 일본 사이에서 통역이 필요했던 것일
까요? 지금 유구는 오키나와가 되어 일본어를 사용하고 오키나와
말은 사투리가 되었지만, 당시에는 오키나와 말에 익숙한 사람이
아니면 일본 사람이라 하더라도 알아듣기 어려웠던 것으로 보입
니다.《연산군일기》에 보면 동평관에 머무르고 있던 왜인 58명이
언어로 그 출신지를 특정하지 못하고 의복·삿갓 등으로 유구 출
신임을 추정하고 있기 때문입니다. 현재 우리도 온전한 제주도
사투리는 거의 알아듣지 못합니다. 더욱이 당시 일본과 유구는
다른 나라였다는 것을 생각하면, 비록 언어가 비슷하다 하더라도
상대적으로 유구 사람과 만날 기회가 많은 규슈 출신이 아니라면
유구어를 온전하게 알아듣지 못했을 것입니다.

이후《태조실록》에서 섬라곡국과의 관계를 보여주는 기록은 3
년이 지난 1396년 기사에 등장합니다.

> 이자영李子瑛이 일본에서 왔다. 일찍이 이자영은 통사通事로
> 서 예빈소경禮賓少卿 배후裵厚와 함께 섬라곡국에 회례사回禮
> 使로 갔었다. 섬라곡국의 사신 임득장林得章 등과 함께 돌아오
> 다가 전라도 나주의 바다 가운데서 왜구에게 붙잡혀 모두 죽
> 었고, 자영만이 사로잡혀 일본으로 갔다가 이제 돌아오게 된
> 것이었다(《태조실록》 권10, 태조 5년 7월 11일 병인).

이 기록을 보면 이자영은 통역으로 섬라곡국에 갔다가 조선으로 돌아오던 중 나주 앞바다에서 왜구의 습격을 받았습니다. 그리고 포로로 잡혀갔다가 도망쳐왔습니다. 회례사로서 조선에서 언제 출발했는지, 섬라곡국에서 조선으로 언제 출발했는지 알 수 없지만, 조선에 왔던 섬라곡국 사신 장사도 등이 돌아갈 때 함께 갔다가 돌아오는 길이었을 것으로 추정됩니다. 그리고 조선에 도착하기 직전에 왜구의 습격을 받았던 것입니다. 이자영이 돌아오고 나서 약 9개월이 지난 1397년(태조 6) 4월, 왜구에게 납치되었던 섬라곡국의 사신 임득장 등 총 6명이 조선으로 도망쳐왔습니다. 이자영과 임득장 일행 모두 필사의 탈출이었을 것입니다. 일본 측에서 이자영이 조선의 관료이며 임득장 일행도 조선으로 향하던 공식 사절이었던 것을 알고 슬쩍 풀어줬을 가능성도 배제할 수 없습니다. 그래야 조선의 추궁을 방비할 수 있었을 테니까요. 그렇다 하더라도 납치되어 이역만리에서 강제 구금당했던 이자영과 임득장 일행에게는 고통의 시간이었을 것입니다.

이후 섬라곡국은 《실록》에서 확인되지 않습니다. 아마도 임득장 일행이 돌아가고 난 후 더이상 교류가 이뤄지지 않은 것 같습니다. 조선에서 회례사를 보냈다면 교류가 이어졌겠지만, 이미 사고를 겪었기 때문에 위험하다고 판단하고 사신을 보내지 않았을 가능성이 큽니다. 특히 정사인 배후가 돌아오지 못한 것이 결정적이었던 것으로 판단됩니다.

흥미로운 점은 조와국, 즉 자바의 사신 기록이 섬라곡국 사신 납치 사건 이후 보인다는 것입니다. 조와국의 사신 기록은 1406년 《태종실록》의 기록에서 처음 확인됩니다. 당시 조와국의 사신 진언상陳彦祥은 큰 배 한 척에 타조·앵무·공작 등의 새와 약초·번포 등을 싣고 조선으로 향했습니다. 그런데 전라도 군산도(현 고군산군도)에 이르러 왜구를 만나 교전했습니다. 치열하게 저항했지만 결국 갖고 있던 물품과 배에 타고 있던 많은 사람이 납치되었고, 40여 명만 살아서 전라도 군산 일대에 상륙했습니다. 태종은 이들을 따뜻하게 맞이하여 물품을 지급해주고 본국으로 돌아갈 수 있도록 해줬습니다. 진언상은 살아남은 인원으로는 타고 온 큰 배를 몰아 돌아갈 수 없으니 작은 배로 바꿔달라 요청했고, 태종은 이를 들어줬습니다.

혹 진언상이 거짓으로 왜구에게 약탈당했다고 한 것은 아닌가 의심할 수 있을 것입니다. 그런데 진언상이 돌아가고 난 후 얼마 안 되어 대마도를 책임지고 있던 종정무宗貞茂가 남쪽 사람들로부터 탈취한 것이라고 하면서 공작 등의 새와 약재 등을 바쳤습니다. 이를 보건대 진언상이 약탈당한 것은 사실로 판단됩니다. 더욱이 진언상은 1404년에 이미 조선에 사신으로 와서 조봉대부朝奉大夫 서운부정書雲副正이라는 직품을 받았었습니다. 따라서 태종은 그의 말을 신뢰하고 환대하여 돌려보낸 것이었다고 할 수 있습니다.

대마도가 진언상 일행을 약탈하고 그로부터 얻은 물건을 조선에 헌납한 것인지, 아니면 다른 왜구가 약탈한 것을 대마도가 얻게 되어 본래 가졌어야 할 조선에 되돌려 준 것인지, 이도 아니면 대마도가 약탈하고서는 사람들은 빼돌리고 물건만 찾았다면서 돌려준 것인지는 명확히 알 수 없습니다. 분명한 것은 왜구가 육지에 상륙하여 약탈하지 못했을 뿐, 이때까지도 바다에서는 활발히 활동하고 있었다는 점입니다.

진언상은 고국인 조와국에 무사히 도착했을까요? 1412년 일본국에 사신으로 파견되었던 진언상은 자신의 손자를 조선으로 보내 지난일에 대한 감사를 표했습니다. 이때 진언상이 보낸 편지를 통해 조선을 떠난 진언상이 어떤 일을 겪었는지 알 수 있습니다. 진언상은 고국으로 돌아가기 위해 출발했습니다. 그런데 얼마 못 가 왜구에게 습격을 당했고, 진언상은 다시 조선으로 돌아올 수밖에 없었습니다. 조선은 그런 진언상을 위해 군선을 보내 호위해주었습니다. 조선의 군선이 돌아간 후 순항을 예상했지만 일본 근해에서 풍랑을 만나 배가 침몰하여 목숨만 겨우 부지하게 되었고, 다행히 일본 국왕의 호의로 무사히 귀국할 수 있었습니다. 조와국 정부는 일본 국왕의 호의에 답하기 위해 진언상을 일본에 사신으로 보냈는데, 풍랑을 만나 일본으로 가지 못하고 돌아왔다가 1412년에서야 일본 하카타에 이르렀습니다. 그리고 교토로 가기 위해 대기하던 중 조선에 자신의 손자 실숭實崇을 보내 감사를 표했던 것입니다.

진언상이 보낸 실숭에 대해 사신이 임의로 보낸 사람이라는 이유로, 다시 말해 공식 사절이 아니라는 이유로 실숭을 맞아서는 안 된다는 의견이 있었지만, 조선은 실숭을 받아들였습니다. 진

15세기 조선 사람과 만나다 ───●

언상이 보낸 사신의 활동은 기록이 많지 않습니다. 조와국 사신으로부터 비포秘布 10필을 샀다는 기록이 확인됩니다. 비포가 무엇인지는 정확히 알 수 없습니다. 물품 종류와 상관없이 사신이 무역을 하는 것은 당시 보편적인 일이었기에 무역을 행했으리라 생각됩니다.

조와국 사신은 일을 마친 후 일본으로 돌아가면서 다음과 같은 말을 조선에 전했습니다.

> 일본국 사람들의 성품은 본래 탐욕스럽고 난폭해서 진언상의 재물을 많이 훔쳤습니다. 돌아가는 도중에 나를 죽여 그 증거를 없앨까 두려우니, 조선에서 나를 호송해주셨으면 좋겠습니다.

여기서 일본국 사람이란 실승과 같이 왔던 우구전宇久殿의 사신을 말합니다. 전展은 일본 각지의 영주급을 지칭하던 표현이며, 우구宇久는 현재 나가사키 북쪽의 사세보佐世保로 비정되고 있습니다. 즉 조와국 사신은 규슈 서쪽 지역의 영주가 보낸 사신과 함께 왔던 것이지요. 우구전이 보낸 사신은 조선까지의 교통편 제공 겸 길 안내 겸 통행증의 역할을 했을 것입니다. 당시 조선에 사신을 보내 무역을 할 수 있었던 일본 영주는 한정적이었고, 조선에서 보낸 통행증이 없으면 도항할 수 없었기 때문에, 통행증을 갖고 있던 우구전의 사신이 동행했던 것으로 보입니다. 우구전

입장에서도 조와국 사신과 함께 가는 것은 손해 보는 일이 아니었습니다. 조와국 사신과 동행했다는 명분으로 조선에 사신을 보내 무역을 할 수 있었으니까요.

이러한 배경에서 위 사료를 읽으면, 진언상이 손자 실승에게 딸려 보낸 물품이 비포 10필 외에 더 있었다고 추측됩니다. 그리고 진언상이 보낸 물건을 우구전의 사신이 훔쳤음을 알 수 있습니다. 훔쳤다고 표현했지만, 사실상 강압에 의한 강탈과 다름없었을 것입니다. 이러한 우구전 사신의 행동은 우구전의 뜻이 아닌 사신 개인의 뜻이었던 것으로 보입니다. 우구전 사신이 조와국 사신을 죽이려 했다는 것은, 강탈 사실이 일본에 전해지는 것을 우구전의 사신이 두려워했음을 의미하기 때문입니다. 정리하면 실승의 안내 겸 무역을 위해 왔던 우구전의 사신이 실승이 갖고 온 물건을 탐내 강탈한 후 그러한 사실이 알려지는 것을 막기 위해 일본으로 돌아가는 길에 실승을 죽이려 했고, 실승은 우구전 사신의 위협에서 벗어나기 위해 조선에 도움을 청했던 것입니다.

그러나 조선은 조와국 사신의 요청을 거절했습니다. 사실 호송해준다 하더라도 일본까지 해줄 수는 없었습니다. 조선의 감시가 미치지 못하는 곳에 이르면 우구전의 사신은 언제든 조와국의 사신을 죽일 수 있었을 것입니다. 그러한 일이 벌어진다면 사신 안위의 책임이 조선을 향할 가능성도 배제할 수 없었을 것입니다. 아마도 조선은 이러한 일을 예상하고 조와국 사신의 요청을 거절한 것으로 보입니다.

유구에서 손녀를 구해오다,
조선판 〈테이큰〉

조선과 섬라곡국, 조선과 조와국의 사신 왕래를 보고 있으면, 도대체 저 왜구는 어떤 존재인지 의문을 갖지 않을 수 없습니다. 사신단이 습격을 받는 모습, 그들을 호송해주기 위해 군선을 보내는 모습 등은 지금으로서는 상당히 이례적이기 때문입니다.

바다에서 활동하는 도적 집단, 곧 해적이 낯선 이유는 현재 우리나라 인근 해역에 해적이 없기 때문입니다. 그리고 오랫동안 해적의 존재를 직접 겪지 못했기 때문입니다. 해적이 없기 때문에 당연히 해적으로부터 받은 피해도 없었고, 그렇기 때문에 해적이 낯선 것이지요. 해적이 없는 이유는 간단합니다. 해적을 통제할 수 있는 국가 권력이 존재했기 때문입니다. 다시 말해 우리 주변 국가들의 사회가 안정되어 있기 때문에 해적이 발생하지 않았고, 이로 인해 우리에게 해적이란 미지의 세계에 존재하는 영화의 등장인물처럼 느껴지는 것입니다.

그런데 《세종실록》에는 해적에게 납치되어 유구까지 갔던 손녀를 혈혈단신으로 찾아가 구해 온 인물의 이야기가 실려 있습니다. 아래 사료를 보시죠.

> 본국 사람 김원진金元珍이 유구국에 가서 본국 사람 김용덕金
> 龍德 등 6인을 되찾아 돌아왔다. 원진에게 면주 2필과 마포 4

필을 상으로 주었다. 용덕은 원진의 손녀다(《세종실록》 권78, 세종 19년 7월 20일 무신).

김원진이 유구에 가서 김용덕 등 6인을 데리고 돌아왔고, 그런 김원진에게 면주 2필과 마포 4필을 상으로 주었다는 짤막한 내용입니다. 세종 19년인 1437년, 바다에는 왜구가 활동하고 있었습니다. 15세기 당시의 상황을 바탕으로 위 기록에 상상력을 더해 보면, 왜구에게 납치된 김용덕은 규슈 어딘가에서 되팔려 유구로 갔으며, 김원진은 손녀를 구하기 위해 바다를 건너 유구까지 갔던 것으로 추정됩니다.

이는 태종 대에 유구에서 조선인을 데리고 왔던 이예와 비교됩니다. 당시 이예를 보내는 것에 대해 비용 문제를 들어 반대하던 의견이 있었습니다. 그러나 태종은 반대 의견을 묵살하고, 왕이라면 백성을 데리고 와야 한다면서 이예를 보냈습니다. 지금도 그렇지만 조선에서 유구까지는 거친 대양을 헤쳐 나가야 하는 위

[그림 3] 〈조선일본유구국도朝鮮日本琉球國圖〉
작자 미상, 《여지도輿地圖》 제1책(1789~1795년경). 조선 시대의 군현별 지도 및 조선전도, 중국지도를 망라한 지도책으로 1789년에서 1795년 사이에 제작된 것으로 추정된다. 〈조선일본유구국도〉는 제1책에 〈한양도성도〉, 〈북경도성도〉, 〈의주북경사행로義州北京使行路〉, 〈조선전도〉, 〈중국지도〉, 〈천하도지도〉와 함께 수록되어 있다. 좌측 하단이 유구국이다.
* 소장처: 서울대학교 규장각한국학연구원.

15세기 조선 사람과 만나다 ──●

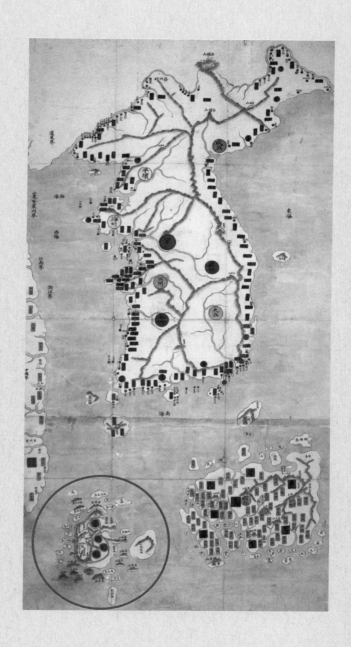

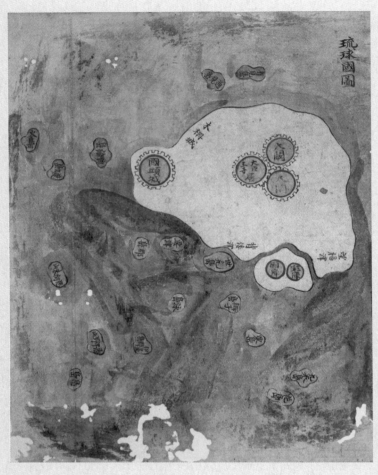

[그림 4] 〈유구국도琉球國圖〉

신숙주 편, 《해동제국기海東諸國記》(1471).

조선 전기 문신 신숙주가 일본의 지세와 국정, 교빙내왕의 연혁,

사신에게 예를 갖추어 대접하는 절목을 기록한 외교서.

1933년 조선사편수회朝鮮史編修會에서 간행한 영인본《조선사료총간朝鮮史料叢刊》

제2집에 수록된 지도이다.

* 소장처: 서울대학교 규장각한국학연구원.

험한 길이고, 그만큼 비용도 많이 들었던 것입니다.

국가에서도 쉽게 하지 못하는 일을 김원진은 개인의 힘으로 해냈으니, 그저 대단하다고 말할 수밖에 없습니다. 아버지가 납치된 딸과 부인을 찾아오기 위해 고군분투하는 내용을 그린 영화 〈테이큰〉이 떠오릅니다. 거친 15세기 동아시아 바다에서 국가가 아닌 개인의 힘으로 피랍된 손녀를 찾아온 조선 사람 김원진. 그의 손녀는 어쩌다 유구까지 갔을까요?

15세기 초반 조선·명·일본·유구로 둘러싸인 바다, 즉 오늘날 동중국해는 '왜구'로 불리는 해적이 활개 치는 바다였습니다. 이름에서도 알 수 있듯 왜구의 주요 근거지는 일본이었습니다. 당시 일본은 중세 후반부터 이어진 내전의 영향이 잔존해 있었습니다. 통일은 했지만 정권의 힘이 규슈 서쪽까지 안정적으로 미치지 못했기 때문입니다. 일본 정권의 통제가 완벽하지 못한 틈을 타고, 왜구들은 규슈의 서쪽 방면에 근거지를 두고 활동했던 것입니다.

동중국해를 무대로 활동하는 해적들의 주요 목표물은 상선이었지만, 앞에서 살펴본 것처럼 공선公船이라 해도 크게 개의치 않았습니다. 해적들은 배를 습격하여 물건을 약탈하고 사람들을 납치했습니다. 대마도가 조선에 조와국의 물건을 준 것처럼 간혹 약탈했던 물건이 원주인에게 돌아가는 경우도 있었으나, 그러한 일은 거의 없었다고 봐야 할 것입니다. 이 기간 동안 왜구에 의해 피랍된 사람을 대략 1만 명으로 추산하기도 합니다. 이들은 주로 노예나 노를 젓는 수부水夫가 되었고, 간혹 통역 등으로 차출되어 활동하기도 했습니다. 노예·수부 등은 하카타에서 사쓰마薩摩, 오스미大隅, 휴가日向 등으로 팔려가거나 유구의 슈리首里까지 되팔려 갔을 것으로 보입니다.

《태종실록》 18년 2월 29일(경술)에는 다음과 같은 일화가 기록되어 있습니다. 대마도에 거주하던 사미시라沙彌時羅가 중국의 절강성을 노략했습니다. 여성 진불노陳佛奴와 남성 부욱符旭을 납치하여 진불노는 아내로 삼고 부욱은 종으로 부렸습니다. 1417년 9월 사미시라는 대마도의 사신으로 부산포에 도착했습니다. 그런데 만호萬戶 김종선이 부욱이 중국 사람인 것을 알고 사미시라로부터 부욱을 매매했고, 부욱으로 하여금 진불노에게 연락하여 도망치도록 했습니다. 진불노가 도망쳐 나오자 김종선은 왕에게 아뢰었고, 태종은 이들을 중국으로 돌려보내 줬습니다. 이러한 정황을 안 사미시라가 항의하자 태종은 예조좌랑 권극화權克和를 보내 "네가 약탈해 온 남녀는 모두 요동으로 송환했다"고 하면서 쌀을 주었고, 사미시라는 기뻐했다고 합니다.

왜구는 중국뿐 아니라 조선 사람들도 다수 납치했습니다. 왜구들이 근거지로 삼았던 규슈와 조선은 가깝고 해로 또한 안정적이었기 때문에 중국 사람들보다 더 많은 조선 사람들이 납치되었을 것으로 생각됩니다. 조선 사람들의 해외 피랍은 조선 건국 이전부터 확인됩니다. 《고려사》 열전과 세가 등의 기록에 따르면, 1389년 8월 유구국왕 찰도는 고려에 사신을 보내 왜구에 의해 피

[그림 5] 〈항왜도권亢倭圖卷〉(부분)
중국 명나라 때 제작된 두루마리 형태의 그림.
왜구가 명나라 해안을 침입하는 과정과 명나라 군사들이
왜구를 물리치는 모습이 담겨 있다. 15세기 초반 규슈의 서쪽 방면에 근거지를 두고
동중국해에서 활동하던 왜구들은 배를 습격해서 물건을 약탈하고
사람들을 납치해서 노비로 삼거나 팔았다.
* 소장처: 중국국가박물관.

랍되었던 피로인을 송환하고 방물을 바쳤습니다. 신료들 가운데 일부는 유구의 사신 파견에 대해 고려가 대마도를 정벌한다는 소문을 듣고 온 것이라고 의심했습니다. 하지만 공양왕은 멀리서 찾아온 사람을 멀리할 수 없다면서 전 판사 진의귀陳義貴를 영접사로 삼아 맞이했습니다. 그리고 전객령 김윤후 등을 사신으로 삼아 유구로 돌아가는 사신과 함께 가도록 했고, 이들은 고려인 37명을 데리고 돌아왔습니다. 이때 돌아온 37명은 바다에서 표류하다가 유구에 당도했을 가능성도 있지만, 다음의 기록을 보면 납치되었을 가능성이 커 보입니다.

1416년 태종은 왜구의 포로가 되었다가 유구로 팔려 간 사람이 많다는 말을 듣고, 그들을 쇄환하기 위해 이예를 파견했습니다. 기록에는 포로라고 되어 있지만, 아마도 왜구에 의해 납치되어 유구로 팔려 간 사람들이 대부분이었을 것입니다. 1416년 1월 27일 조선을 출발한 이예는 같은 해 7월 23일 44명의 조선인을 데리고 돌아왔습니다. 44명 중에는 경상도 함창현 출신으로 1395년 14세의 나이에 사로잡혔다가 20년 만에 돌아온 전언충全彦忠이라는 사람도 있었습니다. 조선이 적극적으로 자국민을 되찾으려 했다는 것을 잘 보여주는 일화입니다.

1419년 쓰시마 도주 종정무의 아들 도도웅와都都熊瓦가 피로되었던 조선 사람 2명을 돌려보내니, 세종은 전례를 참고해 면포·주포 각각 10필씩을 보내주었습니다. 1429년(세종 11) 통신사로서 일본을 다녀온 박서생은, 피로인들이 귀국을 원하고 있으나

15세기 조선 사람과 만나다 ──●

주인의 구속이 심해 데려올 수 없었으며, 이들을 데려오기 위해서는 구매하는 수밖에 없는 실정이라고 보고했습니다. 앞서 종으로 있던 부욱을 매매하여 중국으로 보낸 경우, 쓰시마 도주가 돌려주는 경우, 매매하여 데려오는 수밖에 없다는 박서생의 보고 등을 보았을 때, 피로된 사람들은 노비로 부려지고 있었다는 것을 알 수 있습니다.

1453년 4월 24일, 유구는 사신 도안道安을 보내 방물을 바치면서, 사쓰마(현 가고시마)에서 노비로 사역되고 있던 조선인 표류민 만년萬年·정록丁祿 2명을 데리고 왔습니다. 만년이 돌아오기까지의 여정을 만년의 말을 빌려 재구성해보면 다음과 같습니다.

1450년 12월, 만년·정록·돌[石乙]·돌돌이[石石令]·덕만德萬·강보康甫 등 6명은 같은 배에 탔다가 바다 한가운데에서 바람을 만나 표류하게 되었습니다. 이들은 와사도臥蛇島라는 섬에 정박하게 되었는데, 이 과정에서 강보와 덕만은 병사했습니다. 와사도에는 30여 호가 살고 있었는데, 섬의 반은 유구에 속하고, 나머지 반은 사쓰마에 속해 있었습니다. 와사도 사람들은 만년 일행을 와사도에서 3일 거리에 있는 가사리도加沙里島로 옮겨 10일 동안 구금했습니다. 유구 사람 감린이甘隣伊·백야귀伯也貴가 가사리도에 일이 있어 들렀다가 만년을 보고 자신들의 집으로 데리고 갔습니다. 집에 도착한 다음 날, 감린이 등은 유구 대궐에서 백단자白段子·청단자靑段子 2필씩을 가지고 집으로 돌아왔고, 그 즉시 만년을 데리고 입궐했습니다. 이 대목에서 만년은 본인이 궁에 팔려 바쳐진 것으로 인식했습니다. 그렇게 유구 중산왕中山王 아래서 일하게 된 만년은 화통火筒 관련 일을 담당했습니다. 약 3개월 뒤 유구 사람 완옥지完玉之가 가사리도에서 정록을 매매해 왔습니다. 마을 사람들이 만년에게 이 사실을 알려주자 만년은 왕에게 알려 왕의 노예 1인과 맞바꿔 정록을 데리고 왔습니다. 그로부터 3년 뒤 왕이 조선까지 길을 아는 사람을 만났다고 하면서 만년과 정록을 보내주었던 것입니다.

만년과 같이 조선으로 왔던 유구의 사신 도안은, "만년과 정록은 바다에서 표류하다가 사쓰마 칠도서七島嶼에 표착했는데, 이를 본 섬사람들이 붙잡아서 노예로 삼아 부리던 것을 유구의 순해관선巡海官船이 환매하여 데려왔다"라고 했습니다. 유구가 조선인을 적극적으로 환송한 것은 축산포丑山浦에 표류했던 유구인을 돌려보내준 것에 대한 보답이었습니다.

만년 일행은 표류로 인해 낯선 땅에 당도하게 되었지만, 결과는 납치된 것처럼 노비로 팔렸습니다. 만년과 정록이 유구의 왕과 만날 수 있었던 것은 천운이었습니다. 만년과 같이 가사리도로 갔던 사람들은 끝내 돌아오지 못했기 때문입니다.

유구에서 돌아온 만년은 유구에서의 행적과 유구의 풍속에 관한 조사를 받게 됩니다. 이 가운데 만년은 자신이 유구에 도착했을 때 이미 유구에서 살고 있던 조선 사람들에 대해 이야기했습니다. 조선 사람 60여 명이 표류하다가 유구에 왔으나 모두 사망하고 노인 5명만 생존해 있다는 것입니다. 여기서 유구로 왔던 사람들 대부분이 조선으로 돌아오지 못했으며, 조선으로 돌아온 만력·정록이 특별한 경우였다는 사실을 알 수 있습니다. 또 만년은 "그들의 딸과 아들들은 모두 유구 사람들과 혼인했고 가산도 보유하고 있습니다"라고 진술했습니다. 여기서 조선으로 돌아오지 못한 사람들의 삶을 유추할 수 있습니다. 표류한 조선인들끼리 혼인하거나 유구 사람과 혼인해서 유구의 삶에 적응해 살아가고 있던 것입니다. 이어서 만년은 "(생존해 있던) 노인들은 조선말을 조금 알고 있다"고 했습니다. 적어도 원 표류민까지는 '조선 사람'으로서의 정체성을 유지하고 있었음을 유추할 수 있는 대목입니다. 그러나 표류민의 2세대들은 조선 사람보다는 유구 사람으로서의 정체성이 우선했던 것으로 보입니다. 이러한 모습은 일제 강점기 이후 세계 곳곳으로 흩어져 간 재외한국인 2·3세대들을 떠오르게 합니다.

요컨대 15세기 바다는 해적이 곳곳에서 활동하고 있었고, 그중 가장 심각한 것은 납치되어 노비로 팔리는 것이었습니다. 조선은 납치된 백성을 찾아오기 위해 노력했습니다. 국가의 노력과 그에 따른 결과가 모두를 만족시킬 수는 없었을 것입니다. 때론 답답하게 느껴졌을 수도 있습니다. 김원진의 손녀 구출은 하루빨리 가족을 찾아와야 한다는 간절함과 애틋함에서 이뤄졌을 것입니다. 분명한 점은 당시 조선은 잃어버린 백성들을 찾아와야 한다는 생각을 갖고 있었고, 기회가 닿을 때마다 최대한 실현하려 했다는 것입니다.

02

조선판 '유전무죄 무전유죄'
술에 얽힌 이야기

중국에도 알려진 한민족의 음주문화

한국 역사에서 음주가무에 대한 기록은 고대로 거슬러 올라갑니다. 《삼국지》〈위서동이전魏書東夷傳〉 부여 편에는 "제천행사에는 연일 크게 모여 마시고 먹으며 노래하고 춤추는데, 그 이름을 영고迎鼓라고 한다"는 기록이 있으며, 같은 책 고구려 편에는 "술을 잘 빚는다"라고 되어 있습니다.

그래서일까요? 오늘날 세계에서 술을 가장 잘 많이 마시는 나라에 관한 이야기를 접할 때마다 대한민국의 높은 순위를 기대하기도 하고, 한편으로는 우리보다 높은 순위의 나라를 보면 '얼마나 많이 마시는 것일까?' 하면서 대단하다는 생각을 해보셨을 것입니다. 이는 그만큼 우리 사회가 '술 권하는 사회'이기 때문일 것입니다. 서로의 주량을 묻고 답하고, 새벽까지 마셨음을 무용담처럼 이야기하고, 그런 무용담을 듣고 대단하다고 말해주는 사회. 한국 사회는 언제부터 술을 친구처럼 인식하게 되었을까요?

이러한 질문에 답하기 위해서는 조선 사회의 술에 대해 살펴볼 필요가 있습니다. 조선 사람들은 어떤 술을 마셨을까요? 조선 사회에서 술에 대한 인식은 어떠했을까요? 그리고 술로 인해 어떤 사건 사고가 일어났을까요? 여기서는 15세기 술에 대한 이야기를 전해드리고자 합니다.

탁주 마시면 붙잡히고 청주 마시면 무사해서야

1402년(태종 2) 10월 27일(정축) 태종은 나라의 범죄자를 대대적으로 석방하는 대사면을 준비하고 있었습니다. 단양 출신이었던 이무李茂 등은 전 단양 수령 박안의朴安義가 사면받고 다시 임명될 수 있게 해달라고 청했습니다. 이 보고서를 보던 태종은 지신사知申事(도승지) 박석명朴錫命에게 박안의의 죄목이 무엇인지 물었습니다. 박석명이 대답한 박안의 죄목은 다음과 같습니다.

박안의는 단양의 수령이었습니다. 박안의는 청풍 수령 황보전皇甫琠, 강릉 판관 김질金晊, 제주提州(현 제천) 수령 유여柳如 등과 함께 단양강에 배를 띄우고 연회를 열었습니다. 그러다가 배가 기울어 기생 1명과 아전 1명이 물에 빠져 죽는 사건이 벌어졌습니다. 박안의는 이 사건으로 관찰사 함부림咸傳霖에게 태형을 받았지만, 수령 직은 유지할 수 있었습니다. 그러나 이 소식을 접한 사간원이 사헌부에 알렸고, 사헌부에서 사건을 조사하여 결국 박안의는 수령 직에서 쫓겨났습니다. 그런데 때마침 대사면의 기회를 틈타, 공신이었던 이무 등 단양이 본관인 사람들이 모여 단양에서 있었던 불미스러운 일에 대한 사면을 꾀했던 것입니다.

단양은 현재 충주댐이 있는 곳으로, 지금도 단양은 경치가 좋습니다. 함께했던 사람들이 모두 인근 고을의 수령이었고 1명만 강릉 판관이었던 것으로 보아, 한양에서 강릉으로 부임하는 판관을 배웅하는 자리였을 것으로 생각됩니다. 지금은 강릉까지 자동차 혹은 기차 등을 이용하지만, 옛날에는 걸어가거나 남한강 수로를 이용하여 단양까지 갔다가 거기서 다시 산을 넘는 길도 있었습니다. 아마도 강릉까지 부임하면서 겸사겸사 지인들과 어울리는 시간을 갖고자 했던 것으로 보입니다.

박석명으로부터 박안의의 죄목을 들은 태종은 불같이 화를 냈습니다. 사람이 목숨을 잃는 사건이 있었음에도 보고하지 않다가 사면을 앞두고서야 보고한 점, 관찰사 함부림은 박안의를 먼저 파직시키고 의정부에 보고하고 의정부는 다시 사헌부에 넘겨 일을 처리했어야 했는데 그렇게 하지 않고 태형만 가하여 환임시킨 점 등을 지적하면서, 함부림이 박안의를 봐주고자 하는 사욕이 개입된 것이라고 했습니다.

이 사건을 '관리들의 연회에서 발생한 피치 못할 안전사고'라

[그림 6] 〈도담島潭〉
이방운, 《사군강산삼선수석첩四郡江山蔘僊水石帖》(1802~1803).
1802년 청풍부사 조영경趙榮慶이 단양·제천을 여행하고 느낀 감흥을
시와 그림으로 담은 서화첩. 〈도담島潭〉은 조영경을 태운 배가 물 위 세 봉우리,
도담삼봉島潭三峯을 돌아가는 모습을 담고 있다.
박안의가 단양강에 배를 띄우고 연회를 연 모습이 연상된다.
* 소장처: 국민대학교 명원박물관.

는 관점으로 바라볼 수 있지만, 우리가 눈여겨봐야 할 대목은 "연음宴歃"이라는 표현입니다. 우리에겐 일반적으로 연회가 일반적이지만 《조선왕조실록》의 사용 빈도는 연회보다 연음이 더 많습니다. 두 용어 모두 '잔치'라는 뜻이 있지만, 연회는 공식적인 자리에 사용되었던 표현인 반면, 연음은 회식 내지 파티라는 의미로 사용되었습니다. 이렇게 봤을 때, 단양강에 배를 띄운 모임을 현재 우리말로 바꾼다면 '술자리'라고 할 수 있을 것 같습니다. 즉 다른 곳에 부임하는 관리가 지나가는 곳의 관리들과 어울려 강에 배 띄우고 술 마시다가 사고가 났고, 이 과정에서 두 명이 목숨을 잃는 일이 발생했던 것입니다.

1404년(태종 4) 7월 20일(기미)에는 경상도 경차관으로 임명되어 경상도로 향하던 김단金端이 옥주沃州(현 충청북도 옥천)에서 죽는 사건이 발생했습니다. 청주의 수령이 소주를 권했고 김단이 과음했기 때문이었습니다. 이 소식을 들은 태종은 김단이 불쌍하다면서 사람을 보내 조문하고, 당시 사관이었던 김단의 동생 김위민金爲民을 옥주로 보냈습니다.

임지로 향하던 관료가 술을 마시다가 죽었지만 태종의 반응이 앞의 경우와 달랐던 것은, 다른 사람과 달리 본인이 죽었기 때문으로 보입니다. 즉 전자는 안전에 소홀하여 사람이 죽었지만, 이 경우는 술을 마신 본인이 죽었기 때문에 태종은 전자와 달리 안타까워했던 것입니다. 이런 점에서 태종이 음주 자체를 반대하거나 꺼려했던 것은 아니었던 것 같습니다.

이 사례에서 주목되는 것은 '소주'입니다. 지금 우리가 일반적으로 마시는 소주는 희석식이지만, 이때의 소주는 증류식으로 도수가 높았습니다. 곡식을 증류하여 만드는 소주는 페르시아에서 만들어져 원나라를 거쳐 고려 후기에 전해진 것으로 알려져 있습니다. 따라서 태종 대에 관료들이 소주를 마시는 것이 어색한 일은 아니었습니다. 다만 아래 사료를 보면 소주가 일반적이었던 것 같지는 않습니다.

세종: 내가 어젯밤에 경회루를 거닐었는데, 풍악 소리와 노랫소리가 밤새도록 그치지 않았으니, 요새 밤에 술 마시기를 좋아하는 것을 알 수 있다. 사헌부는 어찌하여 금지하지 않는 것이냐? 나는 깊은 궁중에 있으면서도 이 소리를 들었는데, 그대들은 몰랐다고 말할 것인가? …… 고려 말기에 밤에 술 마시기를 좋아하는 안 좋은 풍습이 극도에 이르렀었다. 사헌부는 유의하라.

정연鄭淵: 평민의 집은 쉽게 수색하여 체포할 수 있으나, 조관朝官들의 집은 집안이 깊숙하고 지키는 것이 강고하여 법을 집행하는 관리도 들어갈 수 없습니다. 또 낮이면 법리法吏로 하여금 살피게 할 수 있으나, 밤은 순찰하는 관리의 직책이므로 사헌부에서 감찰할 수 없습니다.

세종: 나도 본래부터 탁주를 마시는 자는 붙잡히고, 청주를 마시는 자는 무사하다는 것을 알고 있다. 그러나 밤에 술

마시는 (풍습의) 폐해는 적지 않으니 사헌부는 유의하라(《세종실록》 권30, 세종 7년 12월 14일 기묘).

．

지금처럼 저녁이 있는 삶이 아닌, 가로등 대신 통금이 있던 15세기 한성의 저녁은 고요했을 것이기에, 궁궐에서 멀지 않은 곳에서 크게 웃고 떠드는 소리가 경회루까지 들렸던 것입니다. "단속을 철저히 하라"는 세종에게, "단속을 철저히 하면 힘 없는 사람들만 검거될 것"이라는 정연의 대답은 흥미롭습니다. 오늘날이른바 "힘 있는 사람은 피해가고 힘 없는 사람만 처벌 받는다" 혹은 '유전무죄 무전유죄'를 연상시키기 때문입니다. 또 "저녁 순찰 업무는 사헌부의 권한이 아니다"라는 말은 곧 '사헌부 담당이 아니다'라는 의미로, 오늘날 '권한 밖의 일이다'라는 말과 일맥상통합니다. 업무를 나눠 놓은 관료제 특성상 그 업무가 어느 부서에 속하는지를 따지는 일은, 부서의 입장에서 중요한 사안이었던 것입니다.

여기서 흥미로운 부분은 '힘 없는 사람만 처벌 받는다'는 사헌부의 의견에 대한 세종의 대답입니다. 세종은 힘 없는 자와 힘 있는 자를 탁주 마시는 자와 청주 마시는 자로 비유하며, 탁주를 마시는 자는 붙잡히지만 청주를 마시는 자는 붙잡히지 않는다고 답했습니다. 계층을 탁주와 청주로 구분한 세종의 비유가 재미있습니다.

현재도 청주는 상대적으로 고가이며, 막걸리로 대변되는 탁주는 상대적으로 저렴합니다. 특히 막걸리는 농사철 노동주로 상징되는 서민의 술입니다. 또 다른 서민의 술인 소주는 증류식이 아닌 희석식입니다. 물론 증류식 소주가 있지만 고급주보다는 전통주로 인식되고 있습니다. 이는 조선의 고급주였던 청주도 마찬가지입니다. 전통주라는 이름으로 다양한 양조장에서 출시되고 있지만 고급주라는 인식은 얻지 못한 것으로 보입니다. 오늘날 한국 사회에서 고급주는 서양에서 들어온 양주가 차지하고 있습니다. 4~5년을 주기로 정치인들이 막걸리와 소주를 마시는 모습을 미디어에 드러내는 것은 자신들의 서민 이미지를 보여주기 위해서일 것입니다.

그렇다면 앞서 살펴본 김단이 마신 소주는 어떤 술이었을까요? 곡식을 증류하여 만들어진 증류식 소주는, 재료의 사용량에 비해 결과물이 적게 나오는 고급술이었습니다. 그러나 태종~세종 대까지 일반적인 술은 아니었던 것으로 보입니다. 이는 아래 이야기에서 알 수 있습니다.

조효동: 세종 때는 사대부들의 집에서 소주를 드물게 마셨는데, 지금은 일상의 연회에서도 마시므로 낭비가 심하니, 청컨대 모두 금지하도록 하소서.

성종: 이와 같은 일은 마땅히 사헌부에서 단속해야 할 것이다. (좌우의 신료들을 보며) 어떻게 생각하는가?

손순효: 일일이 단속하는 것은 어려울 것입니다.

어세겸: 소주는 낭비인 것 같지만 가난한 자는 마실 수 없을

것입니다. 또 국가에서 어떻게 사삿집의 비축을 억지로 절제시킬 수 있겠습니까?

이 대화는 1490년(성종 21) 4월 10일(임진) 성종과 사간원 사간 조효동, 특진관 손순효, 지사 어세겸이 나눈 이야기를 각색한 것입니다. 조효동의 발언을 보면, 세종 때까지는 사대부들도 소주를 즐겨 마시지 않았는데, 약 50년 두 세대 정도의 시간이 흐른 성종 때에는 소주가 일상화되었음을 알 수 있습니다. 이런 점에서 보면 태종 대 김단은 청주에서 귀한 소주를 대접받았고, 그로 인해 과음을 하게 된 것이라 생각됩니다. 조효동의 말에 성종은 소주를 마시는 것 혹은 일상적인 연회에서까지 소주를 마셔 낭비하는 것을 사헌부에서 감독해야 한다고 했습니다. 사헌부를 언급한 것으로 보아 소주는 관료들이 마시는 술로서 고급주였음을 알 수 있습니다. 그러나 사헌부를 통해 단속하자는 성종의 의견에 대해 손순효와 어세겸은 난색을 표합니다. 그 이유는 어세겸의 발언을 통해 알 수 있습니다. 첫 번째 이유는 소주는 고급주라 비싸기 때문에 가난한 사람들은 마실 수 없다는 것입니다. 이는 개인의 형편에 따라 소주를 마시는데 그것을 낭비라고 볼 수 없다는 인식에서 비롯된 것이라 생각됩니다. 두 번째 이유는 국가에서 절약을 강제할 수 없다는 것입니다. 이는 국가의 공권력과 개인의 사유 재산권의 문제로 전자보다 후자가 우선한다는 인식에서 비롯된 것이라 생각됩니다.

정리하면 위 대화는 소주는 15세기 후반 사대부들이 즐겨 마시는 고급술이 되었고, 성종은 일상적인 소주 음용을 억제하고 싶었지만 국가의 공권력으로 사유재산 사용을 막을 수 없다는 논리에 부딪히고 있었음을 보여주는 장면이라 할 수 있습니다. 계층에 따라 다른 술을 마시는 것 혹은 마시는 술을 보고 계층을 유추할 수 있는 것은 동서고금을 막론하고 공통적으로 나타나는 현상일까요? 적어도 15세기 조선 사회에서 상위 계층은 청주와 소주를, 하위 계층은 탁주를 마셨습니다.

세종, 절주령을 반포하다

술은 의례 및 제사에 사용되기도 하고 약재로 사용되기도 했습니다. 따라서 술 마시는 행위 자체를 부정적으로 볼 이유가 없었습니다. 앞에서 확인했듯이 태종은 음주 자체를 꺼리지 않았습니다. 태종이 양녕대군을 폐하고 효령대군과 충녕대군 중 충녕대군(세종)을 택한 이유에는 '효령은 술을 마시지도 못하지만 충녕은 그래도 술을 마실 수는 있다'는 것도 포함되어 있었습니다. 이 이유에서 느껴지듯이 세종은 의례처럼 어쩔 수 없이 마셔야 하는 경우를 제외하면 술을 즐기지 않았던 것으로 보입니다. 더욱이 만취할 때까지 마시는 것은 경계해야 한다고 생각했습니다.

1429년(세종 11) 2월 25일(신축) 사헌부는 제향祭享 및 공상供上,

사신 접대 등을 제외하고 일체 음주를 금하자고 상소했습니다. 상소의 내용은 대략 다음과 같습니다. 전면 금주령을 선포하면 세민細民들만 단속될 것이기 때문에 사람들을 맞이하고 보낼 때 술 마시는 것만을 금지했는데, 이런 취지를 비틀어 가족이 모이거나 제사 지내는 날이면 술을 많이 마시고, 음주로 인한 사건 사고가 끊이지 않는다는 것입니다. 그리고 이러한 행태는 세민부터 고위 관료까지 모두가 마찬가지이니 국가에서 필요한 경우를 제외하면 전부 금지시키자는 것이었습니다.

이러한 사헌부의 요청에 세종은 "술을 금지하는 일은 규찰을 상세하고 정밀하게 하지 못하여, 종종 가난한 자가 우연히 탁주를 마시다가 붙잡히는 수가 있고, 호강하고 부유한 자는 날마다 마셔도 감히 누구도 뭐라고 하지 못하니, 매우 공평하지 못하기 때문에 금지하지 않는 것이 옳겠다"라고 답했습니다. 선의로 제도를 시행해도 제도의 취지와 다른 결과가 만들어질 수 있고, 그것이 공정하지 못하다면 시행하지 않는 편이 차라리 낫다는 것입니다. 앞에서 살펴본 세종의 탁주·청주 인식이 이미 이 시기에 존재했다는 점 또한 확인됩니다. 세종의 발언에 담긴 뉘앙스를 보면, 세종은 음주를 즐기지 않았던 생각됩니다.

그런데 시간이 갈수록 도성을 중심으로 음주 문화가 사회 문제로 부각되기 시작했습니다. 1434년(세종 15) 3월 23일(병자) 허조許稠는 술의 폐해를 언급하며 금주법 시행을 거듭 촉구했습니다. 내용을 살펴보면, 술은 몸을 망치는 주범으로 봉녕군奉寧君·신장申

檣·김고金顧 등이 술 때문에 죽었음을 언급하면서 술을 몸을 망치는 주범이라 강조합니다. 예전에는 소주를 보기 어려웠는데 지금은 사대부들 사이에서 소주가 흔해져 술로 목숨을 잃는 사람이 늘어나고 있다면서, 원나라 세조의 금주법을 본받아 법으로써 과한 음주 문화를 없애야 한다고 주장했습니다. 소주는 사대부들 사이에서도 세종 중반부터 본격적으로 확산되기 시작한 것으로 보입니다.

여기서 허조가 말한 봉녕군은 태조의 첫째 아들인 이방우의 큰아들이고, 신장은 신숙주의 아버지이며, 김고는 태종 대에 과거 합격자로서 좌사간에 올랐던 사람이었습니다. 신장은 평소에도 술을 즐겨 마셨고, 세종은 그의 재주를 아껴 친히 '술을 삼갈 것'을 권했었습니다. 그런데 신장의 졸기를 보면 그가 갑자기 죽었다고 기록되어 있습니다. 신장이 죽자 허조는 술 때문에 죽었다고 평했는데, 아마도 신장의 갑작스런 죽음을 보면서 금주법 시행에 대한 의지를 다졌던 것으로 보입니다.

신장의 아들이었던 신숙주는 세조의 공신으로 널리 알려져 있습니다. 조선 전기 왕 가운데 세조처럼 술과 연회를 좋아했던 왕은 없을 것입니다. 주목되는 것은 신숙주는 세조가 개최했던 수많은 연회에 참석했는데, 술로 인한 실수는 찾을 수 없다는 것입니다. 오히려 적당히 농을 던지며 세조의 비위를 맞추는 모습을 보였습니다. 술자리에서 절대 흐트러지지 않을 만큼 주량이 좋았던 것 같습니다. 물론 아버지 신장의 예를 타산지석 삼아 술을 마시지 않았을 수도 있습니다. 어찌되었건 술로 아버지를 잃었기 때문에 술을 과하게 마시지는 않았던 것 같습니다.

허조의 요청에 세종은 법을 시행할지라도 금할 수 없을 것이라고 말하며 반대했지만, 허조의 강한 요청에 결국 "술 경고문酒誥을 지어 신하들을 경계시키겠다"고 하면서 집현전 제술관製述官을 불러오도록 했습니다. 예문관 응교 유의손柳義孫이 초고를 작성하고, 세종의 검토를 거쳐 작성된 교지는 주자소에서 인쇄되어 전국에 반포되었습니다. 세종이 반포한 이 교지는 백성들의 절주를 간절히 권하는, 절주 교지라 할 수 있습니다.

대저 술의 해악은 매우 크니, 어찌 곡식을 썩히고 재물을 낭비하는 일뿐이겠는가? (술은) 안으로는 심지를 약하게 하며, 겉으로는 위의威儀를 잃게 한다. 혹 부모 봉양을 내팽개치거나, 혹 남녀의 분별을 문란하게 하니, (해악이) 크면 집과 나라를 망하게 하고 (해악이) 작으면 성품을 버리고 목숨을 버리게 한다. 술이 강상綱常을 더럽히고 손상시켜 풍속을 퇴폐하게 하는 것은 이루 다 열거할 수 없다. …… 아! 술이 빚는 화근이 이처럼 참혹한데 아직도 깨닫지 못하니 또한 무슨 마음인가? 국가를 생각하는 마음은 없을망정 어찌 제 한 몸의 생명조차 돌아보지 않는 것인가? 조정의 신하로서 식견이 있는 자도 오히려 이와 같을진대 여항의 소민이 어찌 (술 마시는 데) 이르지 않겠는가? 소송이 이로부터 많이 발생했다. 처음을 삼가지 않으

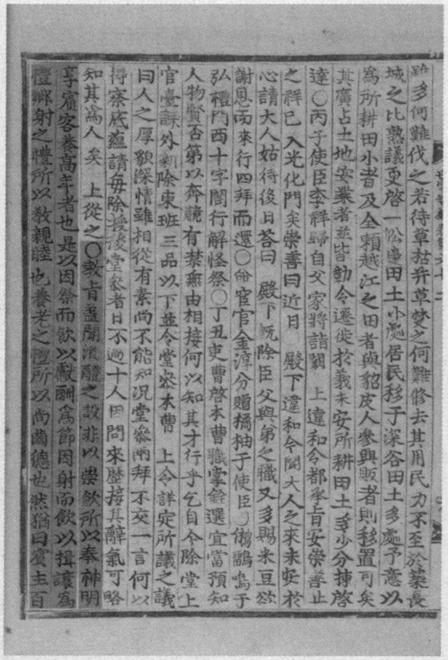

[그림 7] 세종 절주 교지
《세종실록》 권62,
세종 15년 10월 28일 정축.
음주의 해악이 크니 술을 마시지 말라는 절주 교지.
* 출처: 국사편찬위원회 《조선왕조실록》.

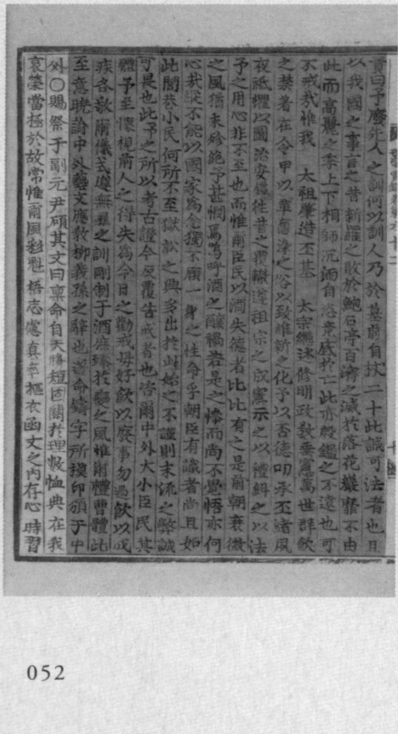

면 말류末流의 폐단은 진실로 두려울 것이다. 이것이 내가 옛 것을 고찰하고 지금을 증거 삼아 반복하여 타이르고 경계하는 까닭이다. 너희 중앙과 지방의 대소 신민들은 나의 간절한 생각을 본받고 옛사람들의 득실을 보아서 오늘의 권면勸勉과 징계로 삼으라. 술 마시기를 즐기느라 일을 망치는 것은 없어야 할 것이며, 과음하여 병드는 것 또한 없어야 할 것이니라. 제 각각 너의 의용儀容을 조심하며 술을 항상 마시지 말라는 훈계를 준수하여 음주를 굳세게 절제한다면 변화된 풍속에 이르게 될 것이다(《세종실록》 권62, 세종 15년 10월 28일 정축).

이 교지에는 술로 인한 폐단이 상세하게 언급되어 있습니다. 오늘날 과음하는 사람들에게 해주고 싶은 이야기가 모두 담겨 있다 해도 과언이 아닐 정도입니다. 내용을 찬찬히 살펴보면, 우선 세종은 술의 해악을 언급하면서 '곡식을 썩힌다'고 했는데, 이는 술을 빚기 위해 곡식을 발효하는 행위를 가리킨 것으로 보입니다. 살아가기 위해 꼭 필요한 곡식을 유흥을 위한 술로 바꾸는 모습을 지적한 것이었습니다.

세종이 언급한 술의 폐해는 그다음부터가 백미입니다. 심지를 약하게 한다는 것은 내면의 병, 곧 술에 의지하게 되어 마음이 병드는 것을 가리킨 것으로 보입니다. 위의를 잃게 된다는 것은 술에 취해 제어하지 못하는 행동, 곧 술에 취해 횡설수설하거나 걸음을 지그재그로 걷는 등의 행동을 지적한 것으로 보입니다.

뒤이어 부모를 살피지 않는 것과 남녀 문제를 언급했습니다. 우리는 만 19세가 되면 부모님과 함께 살아도 한 사람의 성인으로서 살아갑니다. 그러나 조선 시대에는 분가하여 독립했다 하더라도 부모님을 봉양할 책임과 의무가 있었습니다. 그런데 술을 마시다 보면 이런 것을 소홀히 하거나 잊어버리기 일쑤였습니다. 세종은 술 대신 부모님과 함께하는 시간을 더 많이 갖길 원했던 것 같습니다. 남녀 간의 분별이 없어진다는 지적은 더 이상의 추가 설명이 필요하지 않을 것 같습니다. 그리고 세종은 술의 폐단이 작으면 개인의 성품과 목숨을 앗아가고, 술의 폐단이 크면 집과 나라를 망하게 한다고 하면서, 술의 폐단이 너무도 많기에 하나하나 열거하기 어렵다고 했습니다.

이러한 술의 폐해는 오늘날에도 유효하며, 미래에도 유효할 것입니다. 흥미로운 것은 술을 마시면 국가 전체적으로 피해가 발생한다는 취지의 내용도 물론 있지만, 국가보다는 술을 마시는 개개인에게 초점을 맞추고 있다는 점입니다. 이는 앞서 술을 금해야 한다는 허조의 의견에 동의하면서도, 법으로 개인의 행동을 강제할 수 없을 것이라는 세종의 생각과 일치합니다. 술을 마셨을 때 그 사람이 받을 수 있는 피해·폐단을 구체적으로 언급하며, 한 사람 한 사람의 마음가짐이 중요하다는 점을 강조한 것입니다. 오늘날 한국 사회도 '술 권하는 사회'에서 조금씩 벗어나고 있습니다. 술로 인한 사회 문제의 심각성을 깨닫고 있는 것이지요. 세종의 절주 교지를 곱씹어볼 필요가 있을 것입니다.

세종의 간절한 바람은 이뤄졌을까요? 결론적으로 말하면 이뤄지지 않은 것으로 보입니다. 1438년(세종 20) 10월 13일(갑자) 이조판서 홍여방洪汝方이 죽었습니다. 판한성부사 곧 오늘날 서울시장이었던 홍여방은, 이 해 6월 사신으로 임명되어 예문관 대제학으로 직을 바꿔 명나라로 향했다가 10월 4일에 돌아왔습니다. 그리고 명나라에 다녀온 지 약 열흘 만에 사망했습니다. 20여 일이 지난 11월 4일(갑신) 사헌부는 홍여방이 술로 인해 죽었다고 하면서, 이 사건을 조사하여 사람들로 하여금 경계심을 갖도록 해야 한다고 했습니다. 세종은 풍문만을 근거로 조사하기에는 근거가 부족하며, 하물며 입건한다 하더라도 형벌이 크지 않을 것이고, 홍여방의 사인은 술이 아니라 그다음 날 일어난 풍風 때문이라고 말하며 조사할 필요가 없다고 했습니다.

이 사건에 대해 사관은 세종이 '풍문'이라고 지목한 대목을 다음과 같이 부연하고 있습니다. 홍여방이 사역원 제조가 되었는데, 예조판서 민의생閔義生과 첨지중추원사 김을현金乙玄도 같이 사역원 제조가 되었습니다. 이에 김을현이 홍여방과 민의생을 자신의 집으로 초청해 잔치를 벌였고, 홍여방이 만취하여 집으로 돌아갔는데, 그날 밤 발작이 일어나 다음 날 죽었다는 것입니다. 일의 진행 상황을 봤을 때, 명나라에서 무사히 돌아온 홍여방을 축하해주기 위한 술자리가 상당수 예정되어 있었을 것입니다. 거기에 사역원 제조가 되었으니, 같은 부서에 근무하게 된 사람들끼리 겸사겸사 술자리를 벌였을 가능성이 농후합니다. 경사가 겹

[그림 8] 〈단원도檀園圖〉

김홍도(1784), 개인 소장.

김홍도가 39세에 그린 그림으로 청화절에 창해 정란, 강희언과 함께
단원의 집에서 연 진솔회를 묘사한 것이다.

홍여방 사망의 원인이 된 김을현의 연회 모습을 짐작하게 한다.

* 출처: 한국데이터베이스산업진흥원.

쳤으니, 이 기쁜 날 어찌 만취하지 않았을까요? 세종처럼 홍여방의 사인을 발작으로 볼 수 있겠지만, '3명이 모여 술을 마시지 않았다면 혹은 만취하지 않았다면 발작이 일어났을까?'라는 의문을 지우기 어렵습니다. 홍여방의 사인은 사실상 음주로 인한 사망으로 봐야 하지 않을까요?

경우는 다르지만 술과 관련된 사례가 하나 더 있습니다. 1444년(세종 26) 6월 6일(갑신) 사헌부 감찰 하우명河友明이 사헌부로부터 탄핵받아 파직되었습니다. 감찰은 사헌부의 관직으로, 오늘날로 말하면 일선 검사 정도라 할 수 있습니다. 현장에서 대리臺吏, 곧 사헌부 하리들을 지휘하며 실질적인 수사를 담당하는 직책이었습니다. 사헌부는 관리들의 부정부패 수사를 담당하는 곳이었기 때문에, 감찰이 되었다는 것은 곧 관리들을 수사할 수 있는 상당한 요직에 임명되었다고 할 수 있습니다. 따라서 하우명 사건은 오늘날로 말하면 일선 검사가 검찰 지휘부로부터 탄핵을 받아 파직당한 것이었습니다.

하우명은 좌찬성 하연河演의 아들로서, 별시위로만 근무하다 나름 요직이라 할 수 있는 감찰에 초배超拜되었습니다. 초배란 오늘날 몇 계급 특진처럼 승진할 수 있는 규정을 넘어서 관직에 임명된 경우를 말합니다. 그런 그가 왜 파직당했을까요?

사헌부가 그를 탄핵한 이유는 당직일에 술에 취해 퇴근했기 때문입니다. 즉 당직을 서면서 술을 마셨던 것입니다. 근무 태만이지요. 한편으로 생각해보면 고위급 자제로서 몇 단계를 뛰어넘어

요직인 사헌부 감찰에 임명되었으니 두려울 것이 없었을 겁니다. 사건 사고가 없는 무료한 밤, 당직을 선다는 생각보다는 시간을 때운다는 생각이 앞서지 않았을까요? 따라서 술을 마시면 안 된다는 경계심은 한쪽으로 치우고, 술을 마셔도 '누가 감히 나에게 뭐라 할 수 있을까'라는 자만심으로 술을 마셨을 것입니다.

물론 술과 관련한 사건 사고만 있었던 것은 아닙니다. 오늘날 비가 오는 날은 파전집 매출이 오른다고 합니다. 비를 안주 삼아 막걸리를 찾는 주당들 때문이겠지요. 비가 오면 상대적으로 날이 추워지고, 그러다 보면 따뜻한 파전이 생각나고, 그러다 보면 파전과 궁합이 잘 맞는 막걸리를 떠올리는 것, 자연스러워 보입니다.

1489년(성종 20) 5월 25일(임오), 당시 조야는 흥덕사로 소풍을 갔던 유생들과 흥덕사 승려들의 마찰이 뜨거운 감자였습니다. 흥덕사는 창덕궁과 성균관 부근에 있던 절이었습니다. 이곳에 놀러 갔던 유생들이 승려들과 마찰을 빚자, 성종은 흥덕사로 향하는 길을 막아버렸습니다.

신료들은 길을 막을 수 없다고 반대했습니다. 유생과 승려들의 문제 때문에 절로 가는 길을 막아버리면 사람들이 모두 왕이 불교를 옹호한다고 생각할 것이라고 하면서, 길을 막을 수 없다는 뜻을 성종에게 피력했습니다. 같은 말이 몇 번 오가자, 성종은 다음과 같이 말하며 신료들을 돌려보냈습니다. "오늘 비가 와서 술을 마실 만하니, 물러가라."

이때 성종이 마신 술은 막걸리였을까요? 아마도 독한 소주보다는 부드러운 청주였을 가능성이 큽니다. 이날의 기록은 이것으로 끝납니다. 신료들이 간쟁을 멈추고 물러갔던 것으로 보입니다. 그렇다면 성종의 저 말이 효력을 발휘했던 것일까요? 비가 오니 술을 마시겠다는 성종의 말을 들은 신료들은 어떤 생각을 했을까요? '우리도 그만 퇴근하고 술 먹으러 가자'라고 했을까요? 아마도 성종은 정자에 앉아 초여름의 비를 바라보며 술을 마셨을 것입니다. 현재로선 더 이상 알 수 없습니다. 적어도 하나 분명한 것은, 우리와 마찬가지로 성종 또한 비를 보며 술을 떠올렸다는 것입니다.

03
신생 수도 한성살이의 고달픔
심각한 주택난에 뛰는 물가

'한성특별시'는 오늘날 종로구·중구 일대

1994년 MBC에서 방영되었던 드라마 〈서울의 달〉은 서울의 달동
네를 배경으로 각자의 삶을 살아가는 사람들의 이야기를 그린 드
라마였습니다. 시청률 40퍼센트를 넘긴 인기 드라마였지요. 〈서
울 이곳은〉이라는 주제곡도 인기를 끌었는데요, 이후 몇 해 전 드
라마 〈응답하라 1994〉의 삽입곡으로 리메이크되면서 재조명되기
도 했습니다. 지금은 서울과 수도권이 하나의 생활권역으로 자리
잡아 전국이 수도권과 비수도권으로 양분되기도 하지만, 1990년
대까지는 고향과 타향으로 양분되는 경향이 강했습니다. 여기서
타향은 서울로 상징되는 도시, 고향은 지방으로 상징되는 농촌이
었습니다.

서울의 인구는 1970년대까지 가파르게 늘었고, 그러다 보니 서울에서도 지역에 따라 생활 여건의 차이가 존재했습니다. 가난한 지역은 달동네라고 불렸습니다. 달동네에는 주택, 상하수도, 냉·난방, 생활 편의시설 등이 크게 부족했습니다. 꼭 그렇다고 할 수는 없겠지만 이른바 대중목욕탕이 주말이면 손님들로 가득했던 것도, 집집마다 목욕을 위한 공간 부족 및 온수 공급이 여의치 않았기 때문이 아닐까 생각됩니다. 빠르게 늘어나는 인구 문제는 주택 및 생활 여건뿐 아니라 교통, 치안, 물가 등 다양한 사회 문제를 만들었습니다.

그렇다면 15세기 조선 사회에서 한성은 어떠한 공간이었을까요? 한성은 오늘날 종로구와 중구 일대를 포함하는 공간으로, 좁게는 한양 도성(이하 도성)으로 둘러싸인 공간을, 넓게는 성저십리를 포함한 공간을 가리킵니다. 성저십리는 도성으로부터 10리 이내의 지역으로, 오늘날로 따지면 대략 서쪽으로는 서대문−양화대교 북단, 남쪽으로는 용산, 동쪽으로는 도성과 중랑천 사이 지역입니다. 성저십리는 원래 경기의 고양·양주에 속했지만, 생활 여건이 사실상 한성과 연동되다 보니 경기에서 한성부의 관할 범위로 이관된 지역입니다. 따라서 한성이라고 하면 도성으로 둘러싸인 공간뿐 아니라 성저십리까지 포함해 생각해야 합니다.

여기서는 새로운 국가의 새로운 도성으로서 빠르게 성장해가던 한성의 사회 문제, 특히 높은 인구밀도에 따른 주택 부족을 중심으로 이야기하고자 합니다.

주택용지 모자라 성저십리 편입

한성은 보기 드물게 빠르게 성장한 도시였습니다. 고려 시대에 남경으로 지정되면서 도시로서 구색을 갖추고 있었지만, 개경에 비할 바는 못 되었습니다. 조선 건국 후 한양이 새로운 도성으로 결정되고 천도를 준비하기 시작하면서, 한양은 지방 도시에서 왕 도로서 위상을 갖춰나가게 됩니다.

왕도로서의 위상을 갖춰나간다는 것은 무엇을 의미할까요? 공식적으로는 궁궐을 짓고, 도성을 쌓고, 종묘사직을 짓는 것 등을 언급할 수 있을 겁니다. 하지만 좀 더 현실적으로 말하면 개경보다 나은 도시 공간을 만드는 것이었다고 할 수 있습니다. 화려한 궁궐과 우뚝 솟은 성벽 등을 갖추고 있다 하더라도, 사람들이 살고 싶어 하지 않는다면 그곳은 새로운 국가의 왕이 사는 곳일 뿐, 사람들은 개경에 거주하면서 옛 고려를 그리워할 수 있기 때문입니다. 만약 이렇게 된다면, 새로운 국가를 창업한 명분이 흔들릴 수 있었습니다. 따라서 이성계를 위시한 조선 건국 세력은 한성을 개경보다 더 나은 왕도로 건설하고자 했습니다.

이 과정에서 한성은 빠르게 인구가 늘어나기 시작했습니다. 이는 성현成俔(1439~1504)이 쓴 《용재총화慵齋叢話》를 통해 엿볼 수 있습니다.

나라가 도읍을 한양으로 옮길 때 우리 증조부 상곡공 성석인成

石珚(?~1414)이 맏형 독곡공 성석린(1338~1423)과 함께 지금의 향교동鄕校洞에 집터를 정하였다. 하루는 남대문을 나와 5리쯤 가니 인가가 점점 드물어졌다. 상곡공이 서산 기슭을 보더니 "여기가 제일 좋은 곳이구나" 하고 그곳에 집을 지었다. 그러자 독곡공이 화가 나 "형제가 이웃에 나란히 사는 것이 뭐가 어때서 우리를 버리고 자네만 혼자 멀리 사람이 없는 곳으로 이사 가느냐"라며 꾸짖었다. 그러자 상곡공이 "이곳이 비록 깊숙하고 외져서 사람이 살지 않지만 중엽에 이르면 반드시 인가가 즐비할 것입니다. 저는 산림의 아름다움을 좋아하는 것이지 우애를 가볍게 여기는 것이 아닙니다"라고 대답했다.

성현은 세종 대에 태어나서 세조 대에 과거에 급제하여 연산군 대까지 관직을 지낸 사람입니다. 위 글에 나오는 성석인은 성현의 증조부이며, 성석린은 성석인의 큰형입니다. 성석린과 성석인은 태조 이성계를 도와 조선 건국에 힘을 보탠 사람들이었습니다. 이들은 태조가 한양으로 천도할 때, 향교동에 집터를 정했습니다. 향교동은 현재 종로3가 주변입니다.

주목되는 부분은 성석린과 성석인이 남대문 밖에 나갔을 때의 장면입니다. 남대문 밖 5리쯤 되는 곳에 이르자 인가가 점점 드물어졌는데, 마침 성석인은 서산을 보고 마음에 들어 그곳으로 이사를 결정한 것입니다. 성석린은 그런 성석인에게 가족을 등지는 것이냐고 화를 냈지만, 성석인은 이곳은 곧 인가가 즐비할 곳이

15세기 조선 사람과 만나다 ──●

될 것이라면서 산림의 아름다움을 쫓아가는 것이니 화를 거두라고 답했습니다. 《용재총화》에 따르면 "백형의 집 후원에 높은 산 등성이가 있는데, 이를 종약산種藥山이라고 했다"라고 되어 있습니다. 여기서 백형의 집이란 성석인이 이사한 곳으로, 현 효창공원 일대로 비정됩니다.

이들이 처음 터를 정했던 향교동의 경관이 어떤지 알 수 없지만, 천도가 결정되고 얼마 되지 않은 시점이라는 점과 앞의 대화를 통해 경관을 상상해보면 다음과 같습니다. 남대문 안, 즉 성내는 개성에서 이사 오는 사람들로 인해 새로운 건물들이 들어서고 있었을 것입니다. 이는 민가뿐 아니라 관공서도 마찬가지였을 것입니다. 남대문 밖, 즉 훗날 성저십리가 되는 지역은 도성문과 가까운 지역부터 민가가 들어서고 있었습니다. 그러나 거기서 얼마 못 가 민가가 없는 미개발지가 있었습니다. 성석인은 미개발지가 곧 개발되리라 예측했던 것입니다.

한성과 성저십리의 이러한 경관은 1990년대 1기 신도시들의 초창기 모습과 유사합니다. 이들 지역은 새롭게 만들어진 도시로서, 초창기에는 신축 건물들이 도심을 채운 반면, 외곽 지역은 한동안 빈 땅으로 존재했습니다. 성석린·성석인이 이주해왔던 태조대의 한성은 마치 90년대 신도시처럼 아직은 완성되지 않은 상태였던 것입니다.

이러한 상태의 한성은 약 100년이 지난 15세기 후반, 성현이 살았던 시대는 많이 달라졌던 것으로 보입니다. 다시 《용재총화》

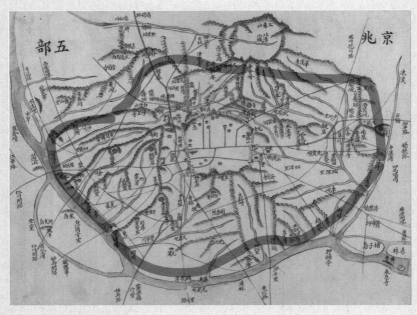

[그림 9] 〈경조오부京兆五部〉

김정호, 《동여도東輿圖》(19세기 중반(철종 연간)).

'경조京兆'는 수도를 가리키는 용어 중 하나이고, '오부五部'는
한성부 바로 아래의 최고 행정 단위를 의미한다. 따라서 '경조오부'는
수도의 오부 지역, 즉 한성부 전체의 지도라는 의미이다.
조선 시대 성저십리의 대략적인 범위는 지도에 표시된 바와 같다.
* 소장처: 서울대학교 규장각한국학연구원.

의 한 대목을 살펴보겠습니다.

도성 안의 인구가 점점 늘어나 옛날에 비해 열 배나 되니 성
밖에까지 집들이 빽빽하게 늘어서 있다. 공사 간의 건물은 또
한 높고 크게 지으려고 하니 재목이 드물고 귀해졌다. 깊은 산
외딴 골짜기에서도 이미 나무를 모두 베어냈고, 강을 따라 뗏
목을 띄워 재목을 운반하는 사람들도 고통스러워하고 있다.

이 사료는 도성의 사치 풍조와 높은 물가를 언급하는 내용의 일
부입니다. 지금도 서울의 물가, 특히 도심 지역 혹은 번화가로 갈
수록 물가는 올라가기 마련입니다. 그리고 그러한 물가 형성에는
부동산 가격, 다시 말해 임대료가 큰 영향을 미칩니다. 그렇다면
당시 한성은 왜 사치 풍조가 유행하고 물가가 올라갔을까요?

일반적으로 사치는 낭비로 이어져 부정적으로 인식됩니다. 그
러나 한편으로 생각해보면 그만큼의 소비 능력이 있을 경우 고가
의 물건을 사지 않을 이유도 없습니다. 도성은 다른 어느 곳보다
국왕의 친인척, 공신, 고위 관료 등의 거주 비율이 높았습니다. 대
규모 시전이 형성되어 있었기 때문에 시중에 유동자금도 대규모
로 풀려 있었습니다. 또한 중국 사신이 물건을 가지고 와 매매하
거나 중국으로 갔던 사행단이 중국 물건을 들여와 매매했기에,
중국 물건을 상대적으로 쉽게 구할 수 있었습니다. 즉 도성에는
소비 능력이 충분한 사람이 많고, 그들의 소비를 이끌어낼 시장

이 있었다는 것입니다. 하지만 지금과 같은 대량의 물건을 들여올 수 없었기 때문에 사치품 공급이 수요를 따라가지 못했고, 수요와 공급의 법칙에 따라 물가가 올라갔던 것입니다.

성석린·성석인이 살았던 한성과 성현이 살았던 한성의 차이가 느껴지시나요? 성현이 살았던 한성은 완연한 왕도로서, 부유한 계층이 살고 있는 소비 도시였습니다. 이러한 전제로 위 사료에서 성현이 말한 도성의 인구밀도를 생각해보면, 당시 도성의 거리 풍경이 그려질 것입니다. 최근 종로구의 재개발이 이뤄지면서 조선 시대 유적이 발굴되고 있습니다. 이 가운데 '공평 도시유적 전시관'은 15세기 도성의 거리를 잘 보여줍니다. 집과 집 사이가 담 하나로 나뉘는, 과밀집 지역이 바로 한성이었습니다. 그러다 보니 도성 내부에는 집 지을 공간이 없어 성저십리까지 건축이 확대되었고, 성현이 살았던 시기에는 성저십리마저도 집이 빽빽하게 늘어서 있게 된 것입니다. 성석인의 예측은 정확했던 것이지요.

글 말미에 성현은 건축 자재인 목재의 가격 상승을 언급하고 있습니다. 이는 당시 도성에서 건축이 꾸준히 이뤄졌음을 방증하는 것입니다. 수요가 많다보니 나무를 많이 베어냈고, 건축 자재로 사용할 목재가 성장하는 시간을 기다릴 수 없다보니 더 깊은 산속으로 자재를 구하러 들어가고 있기 때문입니다.

그렇다면 당시 한성의 인구밀도는 어느 정도였을까요?

주민 급증하며 '미아보호소'까지 등장

1418년(세종 즉위년), 8월 19일(병신) 한성부는 다음과 같은 보고
서를 올립니다.

> 한성[京城]은 인구가 조밀하여, 어린아이가 집을 나와 몇 집만
> 지나쳐도 제집을 찾아가기 어려워 끝내 집을 잃어버립니다.
> 집을 잃은 아이를 발견한 사람도 그 아이의 사는 곳을 알지
> 못하여 (아이의 집을) 찾아주지 못하며, 혹 간악한 사람들은
> (집 잃은 아이를) 몰래 숨겨두고 밥 먹여 길러서 노비로 삼는
> 자가 있습니다. 이제부터는 모든 집 잃은 어린아이를 발견한
> 자는 모두 제생원濟生院에 보내도록 하고, 호조에서 양식을 대
> 어주어서 기르도록 하며, 어린아이를 잃은 부모는 제생원에
> 가서 찾도록 하고, 관은 그 부모로부터 저화楮貨 30장을 받아
> 어린아이를 데려온 사람에게 주도록 하십시오. 만일 (집 잃은
> 아이를) 숨겨두고 고하지 않는 자가 있으면, 이里의 관령管領
> 과 오가五家를 아울러 처벌하는 것이 좋겠습니다.

한성부의 보고는 특별한 것이 아닙니다. 어린아이가 집에서 조
금만 벗어나도 집을 찾지 못해 미아가 되고, 미아를 발견해도 아
이의 집을 찾아줄 수 없고, 심지어 그런 미아를 데려다 노비로 삼
는 사람까지 있으니, 미아가 집으로 돌아갈 수 있는 시스템을 만

들자는 것이었습니다. 한성부가 고안한 시스템은 오늘날로 말하면 관영 미아보호소라 할 수 있습니다. 집을 잃어버린 아이를 발견해도 아이가 자신의 집이 어디인지 몰라 미아가 발생하니 보호소를 만들어 아이를 데려오고, 아이를 잃어버린 부모는 그 보호소에서 아이를 찾도록 한 것입니다. 아이를 찾은 부모는 소정의 사례금을 내고, 그 사례금은 아이를 데려온 사람에게 주도록 했습니다. 이는 시스템이 있어도 아이를 데리러 오지 않는 문제를 미연에 방비하고자 마련한 것으로 보입니다.

세종은 한성부의 보고를 시행하도록 수락했습니다. 그러나 이 제도가 온전히 시행된 것 같지는 않습니다. 약 17년이 지난 1435

15세기 조선 사람과 만나다 ⎯●

년(세종 17) 9월 2일(경오) 호조가 미아를 발견하면 제생원에 데려다주도록 하는 제도 시행을 거듭 제안하고 있기 때문입니다. 저화 30장이 동전 3관으로 바뀌긴 했는데, 이는 저화 통용 여부에서 비롯된 제안으로 보입니다. 호조의 건의에 세종은 이번에도 그대로 시행할 것을 명했습니다. 이렇게 봤을 때, 한성부와 호조가 제

[그림 10] 〈경기감영도京畿監營圖〉
작자 미상(19세기 전반).
경기감영 일대(지금의 서대문 사거리 적십자병원 인근)를 회화식으로 그린 지도.
돈의문 밖에 있던 경기감영과 주변의 모습을 사실적으로 그렸다.
비슷비슷한 집이 이어져 비슷하게 보이는 거리의 풍경을 확인할 수 있다.
* 소장처: 삼성미술관 리움.

안한 방법은 이후 꾸준히 시행되었다고 보아야 할 것 같습니다.

한성부가 고안한 시스템은 오늘날 우리의 인식으로는 너무나 당연한 방법입니다. 미아를 발견하면 보호소로 데리고 가고, 아이를 잃은 부모는 보호소로 와서 아이를 찾는 것이기 때문입니다. 이는 사실 조금만 생각하면 고안해낼 수 있는 방안입니다. 따라서 우리가 궁금한 것은, '과거에는 이러한 기본적인 제도가 없다가 왜 15세기 한성에서 시작되었는가?'입니다.

이 문제에 답하기 위해선 당시 한성의 인구수와 도시 경관을 알아야 합니다. 앞에서 인용한 사료를 보면 "어린아이가 집을 나와 몇 집만 지나쳐도 제집을 찾아가기 어려워"라고 했습니다. 비슷비슷한 집이 이어져 거리의 풍경이 일정했음을 추정할 수 있는 언급입니다. 개인적으로 휴대전화를 통한 길 찾기가 구현되기 전, 다세대 빌라가 이어진 동네에서 길을 찾지 못해 헤맸던 기억이 있습니다. 그 집이 그 집 같고, 그 골목이 그 골목 같았기 때문입니다. 최근 들어 발굴이 이어지고 있는 종로구 인사동·공평동 등의 발굴 현장에서 15세기 한성은 집이 다닥다닥 붙어 있었음을 확인할 수 있습니다. 초가집 혹은 기와집이 어지럽게 이어져 있는 풍경을 떠올려 보세요. 바깥세상이 익숙하지 않은 아이들의 경우 몇 집만 지나쳐도 자신의 집을 찾지 못하기 일쑤였을 것입니다.

또 하나의 문제는 지금과 같은 '주민등록번호' 혹은 '지문' 등처럼 본인 확인을 위한 방법이 다양하지도 않고, 전산화되어 있지도 않았다는 것입니다. 전근대 사회에서 어떤 사람의 신원을 보장하는 기본적인 방법은 다른 사람의 보증이었습니다. 나의 신원을 보장해주는 사람이 고위 관직자라면, 더 이상의 신원 확인은 필요치 않았습니다. 이는 지금도 '내가 누구와 안다'와 같은 방법으로 통용되고 있습니다. '안다'의 가장 확실한 것은 혈연입니다. 따라서 가장 확실한 신원보증은 고위 관직자인 친척이 보증해주는 것이었습니다.

물론 아주 좁은 동네, 이른바 한 다리 건너면 다 아는 사람들이 모여 사는 좁은 동네라면 이러한 신원보증은 필요 없을 것입니다. 나의 아버지, 아버지의 할아버지, 할아버지의 할아버지 때부터 한 동네에서 거주한 사람들이기에, 그 세월만큼의 두터운 신뢰가 보증으로 작용했겠지요. 그러나 서로 잘 모르는 사람이 단기간에 모여 형성된 공간, 수시로 사람들이 들고나며 오가는 사람이 많은 공간, 즉 당시 한성처럼 서로 잘 모르는 사람이 대다수 모여 사는 공간에서 신원 확인은 상당히 어려웠습니다. 특히 전산화가 되어 있지 않은 경우 어린아이의 기억에 의존할 수밖에 없기에, 어린아이를 온전히 집으로 돌려보내는 것은 굉장히 어려운 일이었을 겁니다.

그렇다면 당시 한성의 인구수는 어느 정도였을까요? 당시 《세종실록》에서 확인되는 호구 수는 다음과 같습니다.

<표 1> 《세종실록》의 한성 호구

	도성 내		성저십리		합계	
	호	구	호	구	호	구
1426년	16,921	103,328	1,601	6,044	18,522	109,372
1435년	19,552	–	2,339	–	21,891	–
1438년	18,422	–	1,930	–	20,352	–

* 출처 : 《세종실록》 권40, 세종 10년 윤4월 8일 기축; 《세종실록》 권69, 세종 17년 7월 10일 기묘; 《세종실록》 권83, 12월 18일 무진.

조금씩 증감은 있지만 1430년대 대략적인 한성의 호수는 약 2만 호입니다. 구는 호를 이루고 있는 성원을 뜻합니다. 구수는 1426년의 것만 알 수 있지만, 호에 속한 성원의 평균 숫자가 크게 변하지 않는다고 가정하고, 1426년 호와 구의 비례인 1대 5.9를 대입하여 계산하면, 각각 약 12만 9,000명과 약 12만 명이 나옵니다. 따라서 당시 한성에는 약 2만 호에 12만 명 정도가 거주하고 있었다고 추정됩니다.

물론 이 호수가 실제 한성의 거주 인구를 보여주는 것은 아닙니다. 지방에 살면서 한성 호적을 갖고 있거나, 한성에 살면서 지방 호적을 갖고 있을 수 있기 때문입니다. 오늘날에도 실거주지와 주민등록상의 거주지가 꼭 일치하지 않는다는 점을 감안하면 이해하기 쉬울 것입니다. 또한 당시는 오늘날처럼 행정력이 강하지 못해 관에서 파악하지 못하는 사람들이 더 많았습니다.

<표 1>을 통해 확인할 수 있는 점은 인구가 성저십리보다 도성 내에 인구가 집중되어 있었다는 것입니다. 도성 내의 인구를 약

11만 명으로 가정한다면, 이 인구수는 어느 정도일까요? 2023년 1월, 주민등록통계에 따르면 종로구 인구는 약 15만 2,000명이고 중구는 약 13만 명입니다. 약 27만 명 정도가 2개 구에 거주하고 있는 것입니다. 당시 한성의 영역은 성저십리까지 포함하기 때문에 현 종로구와 중구를 합한 영역보다 넓습니다. 그러나 현재는 지하부터 고층까지 거주할 수 있고 산을 절개하거나 하안의 침전지를 메워 건물을 지을 수 있기 때문에, 같은 면적이라 하더라도 더 많은 인구가 거주할 수 있습니다. 이와 반대로 15세기 한성의 주거 건물은 단층 건물만 있었기에, 동일 면적이라면 현재에 비해 더 적은 인구가 거주했습니다. 이러한 점을 감안하고 당시 한성의 인구수를 생각해볼 필요가 있습니다. 서울 도성의 영역보다 조금 더 넓다는 것을 감안해도, 현 종로구·중구의 인구 27만 명과 비교했을 때 과연 적다고 할 수 있을까요?

한성의 유동 인구는 거주 인구보다 더욱 많았을 것입니다. 그중 대다수가 거주하는 한성 주변의 군현에서, 경제생활은 한성에서 하는 사람들이었을 것입니다. 한성의 근교 지역에서 채소 등의 신선 식품을 재배하고, 한성으로 운송하여 판매하는 경우가 대표적이라 할 수 있습니다. 《신증동국여지승람》삭녕군의 기록에 따르면, 고을의 토산품으로 파蔥를 꼽으며 "파를 많이 심어 이익을 본다"고 되어 있습니다. 파는 대표적인 채소로 여러 음식에 사용되는 점, 장기간 보관할 수 없다는 점 등을 생각하면, 삭녕군은 파를 재배하여 한성·개성 등의 시장에 팔아 이윤을 얻었을 것으로 보입니다.

《용재총화》에서도 각 지역의 토산물을 확인할 수 있습니다. 한성 근교에는 동대문 밖 왕십리의 순무·무·배추, 청파·노원의 토란을 언급하고 있으며, 남산 남쪽 이태원 사람들은 다료茶蓼(여뀌)를 심어 약재로 쓰이는 홍아紅芽(대극)를 잘 만든다고 되어 있습니다. 이 밖에 충청남도의 마늘, 전라도의 생강을 언급하며, 특별히 강원도 정선의 배, 충청북도 영춘의 대추, 경상북도 순흥의 잣, 경상남도 밀양의 밤, 경상남도 함양과 진양(현 진주)의 감 등은 다른

고을에서도 나지만, 이곳에서 가장 많이 재배되고 맛도 가장 좋다고 되어 있습니다.

이 기록에서 주목되는 것은 다른 곳에서도 같은 물건이 생산되지만 특정 지역의 것이 가장 맛있다고 언급한 부분입니다. 한성

[그림 11] 〈시장도〉
김학수(1978).
15세기 후반 한성에는 전국의 상품을 사고파는 시장이 형성되어 있었다.
* 소장처: 국립민속박물관.

에 살았던 성현이 맛을 비교하기 위해 각 지역을 돌아다니지는 않았을 것입니다. 성현은 한성의 시장으로 올라오는 물건들을 구매하여 먹어봤던 것입니다. 이는 한성으로 각 지역의 물건들이 모이고 있었다는 사실을 알려줍니다. 또한 성현이 위와 같이 책에 적어서 특정 지역의 특정 물건을 소개할 정도였다면, 성현이 언급한 배, 대추, 잣, 밤, 감 등은 적어도 한성 사람들에게 정선, 영춘, 순흥, 밀양, 함양·진양의 토산품을 넘어 특산품으로 인식되었을 것입니다. 15세기 후반 한성에는 전국의 물건이 집산되는 시장이 형성되어 있었던 것입니다.

《용재총화》 기록에서 주목되는 또 하나는, 한성에서 멀어질수록 보관이 용이하며 운송 또한 편리한 물품으로 바뀌고 있다는 점입니다. 한성 근교 지역 토산물이 채소 등의 신선식품이었다면, 그 외 지역의 물품은 견과류나 과일 등이었습니다. 이러한 양상은 같은 《용재총화》에 수록된 성현과 채수의 관동 여행기에서도 확인됩니다.

성현과 채수가 여행 중 창도역에서 며칠 머무르게 되었는데, 그들이 역사의 마루에 앉아 있자 역졸이 "누가 우리 감사께서 앉는 마루를 더럽히는가?"라며 화를 냈습니다. 성현이 그를 달래면서, "노하지 말게. 우리 세 사람 중에 한 사람이라도 찰방이 되면 마땅히 자네에게 말미를 주겠네"라고 답했습니다. 그러자 역졸이 "흰 옷에 가는 띠를 맨 사람 중에 어찌 찰방이 되는 자가 있겠는가? 만약 그렇다면 영안도(=함경도)에서 대구大口를 싣고 오가는 사람들이 모두 찰방이 되겠구려"라고 했다는 일화입니다. 역졸은 성현 일행이 흰 옷을 입고 있는 것을 보고, 그들이 대구를 유통하는 사람이라고 여긴 것이었습니다. 여기서 대구는 아마도 말린 대구, 즉 건대구일 가능성이 큽니다. 그리고 이 건대구를 나르는 사람들은 상인이었을 것이고, 그들의 종착지는 한성이었을 것입니다. 즉 함경도의 건대구가 한성까지 유통되고 있던 것입니다.

생계를 위해 한성을 오갔던 사람들 외에 한성으로 관광을 오는 사람들도 있었습니다. 오늘날 관광은 곧 여행을 의미합니다. 우리가 사용하는 관광과 여행은 비슷하면서도 그 뉘앙스가 조금 다릅니다. 관광지라는 말은 친숙해도 여행지라는 말은 낯섭니다. "관광 간다"는 표현은 어색해도 "여행 간다"는 표현은 익숙합니다. 관광은 정해진 경로와 정해진 목적지를 일정 기간 동안 다녀오는 의미가 좀 더 강하며, 여행은 좀 더 자유로운 경로와 정해지지 않은 목적지를 돌아본다는 느낌이 강합니다. 그렇기 때문에 관광은 '다녀오다'는 표현이 익숙하며, 여행은 '간다'는 표현이 익숙한 것입니다.

오늘날 우리가 사용하는 관광·여행에 해당하는 단어를 조선 사회에서 찾자면 유람이라 할 수 있을 것입니다. 그러나 현재 우리는 유람보다 관광을 좀 더 일반적으로 사용하고 있습니다. 관광은 무슨 뜻이었을까요? 관광의 원뜻은 '왕의 얼굴을 보러 간다'였고, 이는 과거 시험 응시에서 유래한 것이었습니다. 과거 시험을 보기 위해 도성에 가야 하며, 전시殿試까지 응시하거나 합격하게 되면 왕을 만날 수 있었습니다. 관광은 이러한 데서 기인한 말이었지요. 하지만 지방에 거주하는 사람들에게 도성에 간다는 것은 곧 고향을 떠나 타지로 가는 것이었습니다. 도성에 가기 위한 일정한 경로, 도성이라는 뚜렷한 목적지, 과거 응시라는 확실한 기간을 의미하는 관광은, 트래블travel이라는 단어를 번역하는 데 있어 알맞았던 것입니다.

물론 조선 사회에서 관광이 오로지 과거 응시때만 있었던 것은 아니었습니다. 거주지에서 도성으로 올라가는 동안, 여유가 있다면 이름난 곳을 둘러가거나 이왕 도성에 갔으니 겸사겸사 여러 곳을 둘러보고 돌아가곤 했기 때문입니다. 3년에 한 번 과거 시험이 열리는 해, 별시가 치러지는 해면 전국에서 과거 응시자가 한성으로 모여들었습니다.

과거 응시자 이외에도 도성의 친인척을 방문하기 위해 찾는 사람, 지방에서 세금을 가지고 올라오는 사람, 새로 부임하는 수령을 맞이하기 위해 올라온 사람, 그리고 이런 사람들이 가지고 왔을 경비를 빼앗기 위해 올라온 사람, 도둑을 방비하는 관리들과 강도 떼를 쫓기 위한 군사들 등이 도성과 도성 주변에 항시 존재했습다. 그렇게 도성의 거리는 늘 인파로 북적였습니다.

길을 침범해 지은 집이 무려 1만여 호

개성에서 한성으로 천도할 때, 조정에서는 관료들에게 한성의 토지를 나눠줬습니다. 땅을 지정해주고 그 땅에 스스로 집을 짓도록 한 것이었습니다. 태조 이성계는 조선 건국 후 강한 의지로 천도를 추진했기에, 한성은 주거 공간 마련을 위한 건축이 활발했습니다. 그러나 태조에 이어 즉위한 정종은 개성으로 환도했으며, 태종은 개성과 한성 모두를 도성으로 활용하는 양경제를 시행했습니다. 양경제는 갑작스런 천도로 인한 사회 불편을 완화할 목적으로 시행된 것으로 생각됩니다. 고려 왕조의 도성에서 살았던 사람들에게 새로운 왕조의 도성으로 이주할 시간을 준 셈이었지요. 그러나 이러한 태종의 생각을 몰랐던 사람들은 최대한 개성에서 머무르길 원했습니다. 그러다보니 태조 대와 달리 한성의 건축 붐은 잠시 멈췄던 것으로 보입니다.

1410년(태종 10) 1월 5일(임신) 전 개성부 유후 신호申浩가 한성부 판관 권탁權卓의 행정이 잘못되었음을 사헌부에 고발했다가 무고로 밝혀져 직첩을 회수당한 일이 있었습니다. 직첩은 관직에 임용될 수 있는 자격, 직첩 회수는 관직에 임용될 수 있는 자격이 없어졌다는 의미입니다. 당시 직첩 회수는 관료나 전 관료 입장에서 상당히 무거운 제재였습니다. 사건의 내용은 다음과 같습니다.

신호의 집터 옆에 빈 땅이 있었습니다. 신호는 그 비어 있는 땅을 무단으로 사용하여 자신의 집터를 넓혔습니다. 그런데 한성부의 행정실무를 담당하는 권탁이 규정에 따라 무단으로 확장한 땅을 사용하지 못하도록 하면서 신호가 새로 지은 행랑과 담을 헐어 버렸습니다. 이러한 행정 처분에 화가 난 신호가 권탁의 일 처리를 고발했던 것입니다. 사건을 조사한 사헌부는 신호의 무고라고 판단하여 그의 직첩을 회수했습니다.

이 사례에서 알 수 있는 것은, 1410년경까지는 도성 내에 빈 땅이 있었다는 사실입니다. 신호가 침범한 땅은 분명 주인이 있는 땅이었습니다. 그러나 신호는 그 땅의 주인이 없다고 여겼거나 비어 있으니까 주인이 있더라도 집을 지을 생각이 없다고 보고 땅을 차지한 것이었습니다. 아마도 빈 땅의 주인은 '한성으로의 완전 이전'이라는 좀 더 분명한 정치적 메시지를 기다리면서, 천도의 추이를 지켜보고 있었을 것으로 생각됩니다.

태종에 이어 즉위한 세종은 한성의 경복궁에서 즉위했으며, 이후 개성에는 한 번도 가지 않았습니다. 세종은 개성의 위상을 낮추고 한성을 유일한 도성이라 강조하면서 그 위상을 높여나갔습니다. 이에 따라 세종 재위 초반부터 도성의 땅은 빠르게 줄어들기 시작했습니다. 이와 관련하여 아래 사료를 살펴보겠습니다.

도성 안에 사람은 많고 땅은 좁아서. 무릇 집터를 받고자 하는 사람이 타인이 미리 받은 땅을 빈 땅, 집 짓고 남은 땅 등이라고 하면서 백방으로 다투어 소송이 끊이지 않습니다. 동대문·수구문 바깥의 집 짓기 적당한 곳을 남대문 바깥 반석방·

반송방의 예에 의거하여, 한성부에서 호조와 함께 살펴, 영역을 정하고 방坊의 이름을 정해서 집 없는 사람에게 절급切給하기를 청합니다(《세종실록》 권24, 세종 6년 4월 18일 계해).

이 사료는 한성부가 세종에게 올린 공문의 일부입니다. 도성 내부의 집터 부족이 사회 문제로 부각되자, 도성 바깥의 땅 가운데 일부를 주택용지로 확보하자고 제안한 것이었습니다. 성저십리 지역이 왜 필요했으며, 어떻게 만들어졌는지를 보여주는 사료입니다. 이 즈음 도성과 인접한 곳으로 도성의 영역이 확장되고 있었고, 그 원인은 도성의 인구 증가와 주택용지 부족이었던 것입니다.

세종은 한성부의 의견을 받아들였고, 약 7개월 뒤인 같은 해 11월 14일(을유) 청계천 하류 북쪽의 땅을 동부, 남쪽의 땅을 남부에 편입시켰습니다. 이때 동부에 편입된 곳은 숭신방·창인방이었고, 남부에 편입된 곳은 예성방·성신방이었습니다. 숭신방·창인방은 오늘날 종로구 숭인동이며, 예성방·성신방은 오늘날 용산구 주성동·보광동·한남동 일대였습니다. 동부에 행정이 쏠리지 않으면서도 집 짓기 적당한 곳을 고르다보니, 이들 지역을 선택한 것으로 생각됩니다.

성저십리로 도성의 영역이 확장되면서, 성석인의 예상대로 성저십리 지역도 사람들로 가득 차기 시작했습니다. 도성의 중심이라 할 수 있는 경복궁·육조거리·종로와 거리가 멀었음에도 사람들이 몰려들기 시작한 것입니다. 1427년(세종 9) 1월 26일(을묘) 양녕의 아들인 순성군 이개李𡍼를 남대문 밖에 거주하는 신이충愼以衷의 집에 보내 머물게 하자는 논의가 있었습니다. 그를 도성 밖으로 내보내야 하는데 신이충의 집은 성과 너무 가까워 도성 내부와 큰 차이가 없다면서 신료들은 반대했고, 세종은 어찌됐든 도성 밖 아니냐는 의견이었습니다. 이개가 비록 폐세자되었던 양녕

15세기 조선 사람과 만나다 ──●

의 아들이긴 했지만 서민의 집으로 보내지는 않았을 것입니다. 따라서 이런 논의들을 보면 도성 밖이라고 해서 하위 신분만 거주

[그림 12] 〈경성도京城圖〉
전傳 김수철(조선 후기).
오른쪽 멀리 첨봉이 늘어선 도봉산으로부터 삼각산, 백악산까지 이어지는 연봉을
배경으로 도성 내 시가가 한눈에 펼쳐진다. 도성을 가득 채운 민가가 사람들이
몰려들어 도시화가 진행되고 있던 조선 초기 한성의 모습을 떠올리게 한다.
* 소장처: 국립중앙박물관.

했던 것은 아니었음을 알 수 있습니다. 오히려 고위 관료들일수록 번잡한 도성 안쪽보다 상대적으로 조용한 성저십리를 선호했을 가능성도 배제할 수 없습니다.

성저십리를 설정하고 도성의 관할 범위로 편입시켰음에도 불구하고, 도성의 주택용지는 계속 부족했습니다. 한정된 땅에 많은 주택을 확보하기 위해서는 하나의 집을 나눠 여러 집으로 만들어야 했습니다. 그러나 사람과 자본이 모여드는 도성의 특성상 도성의 집은 수요에 비해 공급이 늘 부족했습니다. 심지어 집을 짓는다고 관에 신고하여 터를 확보해 놓고 고의로 집을 짓지 않는 사람들도 있었습니다. 이러한 문제를 해결하기 위해 허가가 난 이후 3개월 이내에 집을 짓지 않으면 허가를 취소했습니다. 이는 더 비싼 가격에 되팔기 위해 땅을 확보해 놓는 것을 방지하기 위한 조치가 아닌가 생각됩니다.

이러한 상황이다 보니 도성의 주택은 부족하고 가격은 높을 수밖에 없었습니다. 당시 도성의 부동산 수요가 어느 정도였는지는 다음 사례를 통해 추정해볼 수 있습니다. 1464년(세조 10) 6월 15일(정유)《세조실록》의 기록에 따르면, 세조는 원각사 창건을 위해 백성들이 살고 있는 주택용지를 매득했습니다. 이때 세조는 원각사가 들어설 땅이 시전의 요지에 있으니 책정된 보상 기준을 2배로 올리겠다고 했고, 신숙주는 그 땅은 시전 사람들이 눈독 들이는 땅이니 3배를 쳐줘야 한다고 답했습니다. 세조도 도성의 땅이 희귀하며 특히 시전(오늘날 종로 일대)은 더욱 희귀하다는 사실을 알

15세기 조선 사람과 만나다 ━━●

고 있었던 것이지요. 당시 도성 땅에 대한 사회의 일반적인 인식이 어떠했는지 짐작할 수 있는 일화입니다.

도성에서 주택을 확보하지 못한 사람들은 어쩔 수 없이 주택을 지을 수 없는 곳에 임시로 집을 짓고 거주했습니다. 1427년(세종 9) 11월 17(신축) 백성들이 도성의 길을 침범하여 집을 짓고 있으며 그 가호가 거의 1만여 호에 이른다는 기록이나, 1434년(세종 16) 7월 26일(신축) 백성들이 위험한 곳에 살다가 산이 무너져 압사당하는 사고가 발생하니 이들의 집을 옮겨주자는 세종의 의견 등은 당시 도성의 주택난을 잘 보여주고 있습니다.

이와 유사한 사례는 《성종실록》에서도 확인됩니다. 1476년(성종 7) 5월 18일(경신) 대신들이 성종에게 궁궐과 민가가 너무 가까이 있다면서 궁과 인접한 가옥 44채를 철거해야 한다고 했습니다. 이에 성종은 '철거는 하지 말고 앞으로 집을 짓지 못하게 하라'고 답했습니다.

궁과 집이 인접하면 보안이 취약할 수 있으며, 화재가 번질 우려 또한 있었습니다. 《경국대전》에 따르면 궁과 가까운 곳에 가옥을 지을 수 없었습니다. 이런 이유로 대신들은 법을 위반한 가옥들을 철거하자고 한 것이었지요. 하지만 성종은 지금까지의 건축은 용인하되 신축은 허락하지 말라고 답했습니다. 성종의 선택은 왕의 관대함을 보여주려는 의도도 있었겠지만, 도성의 주택용지 부족을 공감하고 있었기 때문으로 보아야 할 것입니다. 오늘날 궁과 건물들이 인접해 있는 경우를 볼 수 있는데, 이는 비교적 최근에 만들어진 것이 아니라 이미 조선 시대부터 나타난 현상이었던 것입니다.

생활 여건 악화, 우물물을 사 먹기도

사람이 한정된 공간에 많이 모여 살기 위해서는 여러 가지 문제가 해결되어야 합니다. 거주하는 사람들의 의식주를 안정적으로 해결해야 한다는 것입니다. 이제부터는 당시 한성 사람들이 겪었던 문제들을 살펴보려 합니다.

먼저 연료입니다. 음식 조리를 위해선 연료, 즉 땔감이 공급되어야 합니다. 땔감은 조리뿐 아니라 난방을 위한 연료이기도 합니다. 땔감 공급은 한성이라는 한정된 공간에서 많은 사람이 살아가는 데 필수적인 요소였던 것입니다. 땔감은 사람이 산에서 작업을 해야 하며, 확보된 땔감을 사람 혹은 축력을 동원해 운송해야 했습니다. 이에 한성에서 가까운 곳의 산부터 벌채되기 시작했습니다.

당시 도성을 둘러싸고 있던 내사산內四山인 백악산(북악산)·낙산·목멱산(남산)·인왕산과 아차산은 벌목이 금지된 산이었습니다. 벌목은 이 산들을 제외한 나머지 산들에서 이뤄졌습니다. 1445년(세종 27) 11월 29일(무술)《실록》기록에 따르면 무분별한 남벌로 인해 북한산, 도봉산, 현 성북구 일대의 크고 작은 산들이

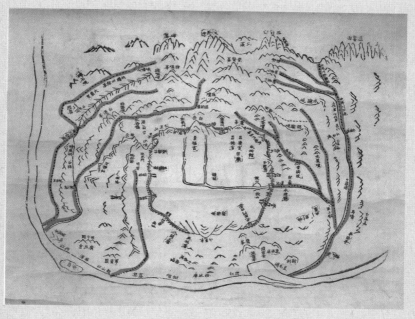

[그림 13] 〈사산금표도四山禁標圖〉
작자 미상(1765).
서울 주변에서 무덤을 조성하지 못하게 하는 금장禁葬,
소나무의 벌목을 금지하는 금송禁松의 한계 범위를 그린 1765년(영조 41)의
목판본을 일제강점기 때 영인한 지도다.
* 소장처: 서울대학교 규장각한국학연구원.

벌거숭이산이 되어간다면서, 각 산 아래에 산지기를 정하고 벌목을 금지하도록 했습니다. 15세기 전반까지 한성의 땔감이 이 산들에서 공급되었음을 알 수 있는 기록입니다.

이렇게 되자 땔감은 더 먼 곳의 산에서 공급되었던 것으로 보입니다. 1448년(세종 30) 12월 10일(임술) 삼군진무소三軍鎭撫所는 경기 일대에 48곳의 강무장을 설정했습니다. 병조는 이 산들의 벌목을 금하면 도성 땔감 공급에 문제가 있다면서 사냥만 금지할 것을 청했고, 세종은 병조의 의견을 수용했습니다. 시간이 갈수록 땔감 공급을 위한 산지는 더욱 멀어졌을 것입니다. 나무가 자라나는 속도가 땔감 소비량을 따라가지 못했을 것이기 때문입니다. 물론 조선에서도 오늘날 식목일처럼 초봄에 소나무를 심도록 했습니다. 그러나 이는 병선兵船 제조용 목재를 확보하기 위함이었습니다. 결국 시간이 갈수록 땔감 산지는 더욱 멀어졌고, 15세기 후반이 되면 한강 남쪽의 산에서 땔감을 구하게 되었습니다.

사람이 모여 살면 취약한 것 중 하나가 바로 화재입니다. 조선은 한성의 화재 예방을 위해 다양한 방법을 도입했습니다. 화재 담당 기관인 수성금화사修城禁火司를 운영하거나, 지붕이 담을 넘어가지 못하도록 한 것이 대표적이라 할 수 있습니다. 전자가 화재 방지 및 소방 업무를 담당할 전담 부서를 운영한 것이라면, 후자는 예방책으로서 화재가 번지는 것을 막기 위한 방편이었습니다. 이 밖에 화재 예방을 위해 국가가 적극적으로 보급하려 한 것이 기와입니다.

15세기 조선 사람과 만나다　──●

일반적으로 기와는 부의 상징이었습니다. 현재 사극에서도 주로 고위 관료의 집은 와가瓦家, 백성들의 집은 초가로 등장합니다. 그럴 수밖에 없는 것이 기와는 고가의 물건이면서 동시에 구하기 어려운 건축 자재였습니다. 기와를 구하기 어려웠던 것은 기와 만드는 데 많은 재원이 필요했기 때문입니다. 특히 땔감 소모가 컸습니다. 당시 세종은 수령→감사→공조工曹의 결재를 통해 기와를 굽도록 했습니다. 굽기 위한 땔감 소모가 상당한 것과 더불어 왕의 결재를 받아야 기와를 제작할 수 있었기 때문에, 기와는 한성뿐 아니라 지방에서도 구하기 어려운 물건이 되었습니다. 그래서 상당수 고을에서는 폐사廢寺의 기와를 가져다가 재활용했습니다.

그렇다면 기와를 얹었을 때의 장점은 무엇이었을까요? 기와는 초가에 비해 비를 안정적으로 막아주고, 위생적으로도 깨끗하며, 교체 주기가 길고, 불이 옮겨 붙지 않았습니다. 앞의 세 가지는 주로 개인적 영역에서의 이점이지만, 불이 옮겨 붙지 않는다는 것은 사회적 차원의 이점이었습니다. 앞서 살펴보았듯, 당시 한성은 건물들이 상당히 비좁게 다닥다닥 붙어 있었습니다. 지붕이 초가인 건물들이 서로 붙어 있으면 화재 발생 시 불씨가 바람에 날리면서 화재가 인근 건물로 빠르게 번질 수 있었습니다. 반면 지붕이 기와로 되어 있으면, 그 집은 비록 화재로 인해 연소되더라도 불씨가 옮겨가기 어려웠고, 불씨가 날아오더라도 기와가 불씨를 막아줌으로써 빠르게 옮겨붙는 상황을 막아줬습니다. 이런

[그림 14] 〈도성도都城圖〉

작자 미상, 《광여도廣輿圖》(18세기 중반). 가운데 아래에 조선 시대 왕실에서 쓰는 기와나 벽돌을 만들던 와서瓦署가 표기되어 있다.

* 소장처: 서울대학교 규장각한국학연구원.

[그림 15] 〈기와이기〉
김홍도, 《단원풍속도첩》(18세기), 기와를 이어나가는 모습을 그린 그림.
* 소장처: 국립중앙박물관.

이유로 당시 조선에서는 서민들에게 기와를 저렴하게 공급하고 자 별와서別瓦署를 운영했습니다.

별와서의 기와는 도성의 평민들을 위해 제작된 것으로, 목적은 화재 예방이었습니다. 1433년(세종 15) 9월 17일(병신) 공조판서 조계생은 삼별요三別窯에서 구워진 기와의 재고가 15만여 장인데 평민들에게 구매를 독촉해도 구매하지 않는다면서 누구나 구매할 수 있도록 하자고 건의했습니다. 그러자 세종은 "평민을 위해 제작한 것을 어찌 사대부들에게 주려고 하는가!"라고 말하며 평민들이 구매하지 않으면 내년 봄까지 기와 제작을 중단하도록 했습니다. 삼별요라는 것으로 보아, 세 곳에서 기와를 제작했던 것 같습니다. 조계생의 제안은 기와 재고를 묵혀두지 말고 누구한테나 판매하자는 것이었는데, 세종의 대답으로 보았을 때 조계생이 말한 '누구'는 사대부였음을 알 수 있습니다. 즉 조계생은 재고가 많으니 이른바 부자들한테도 기와를 판매하자는 것이었고, 세종은 서민을 위해 마련된 기와를 부자들에게 판매할 수는 없다면서 기와 제작을 당분간 중지시킨 것이었습니다. 국가의 재원이 투입되어 저렴하게 파는 기와를 부자들에게 매매할 수 없다는 세종의 판단은, 오늘날에도 귀감이 됩니다.

이런 문제들 외에 1472년(성종 3) 4월 27일(계사)의 기록에 따르면, 가뭄이 심하게 들어 식수가 귀해지자 공동 우물을 독차지하거나 심지어 돈을 받고 우물물을 판 경우도 있었습니다. 이른바 대동강 물을 팔았다는 봉이 김선달 이야기가 실재했던 것입니다.

이는 물을 원하는 수요는 많은 데 비해 가뭄이 심해 물이 귀한 상황과 공용 우물을 독차지할 수 있는 권력 등이 합쳐져 발생한 사건으로, 그만큼 당시 도성의 인구밀도가 상당했음을 유추할 수 있습니다.

04

관료들의 일상
〈용하다 용해 무대리〉부터 〈미생〉까지

벼슬아치들에게 '월요병'은 없었지만

조선 시대 관료는 사회에서 상위 계층이었습니다. 물론 선발 방식, 즉 과거·음서蔭敍·취재取才 등의 방식에 따라 관력은 상이했습니다. 오늘날로 비유하면 과거는 고등고시, 취재는 이른바 9급 공무원 시험이라 할 수 있습니다. 과거에 합격한 사람들은 중요 보직에 임명되어 빠르게 고위직으로 승진했고, 음서의 경우 어려운 과거 시험을 준비하지 않아도 되었기 때문에 이른 나이에 출사할 수 있다는 장점이 있었습니다. 그리고 과거·음서의 경우 충원할 수 있는 사람들의 수가 제한되어 있었기 때문에, 중요 관직을 제외한 대다수 관직에는 취재를 통과한 사람들이 임명되었습니다.

선발 방식에 따른 차이가 있다 하더라도, 기본적으로 이들은 모두 관료였습니다. 이들은 아침에 일어나 출근하고 정해진 일과 시간 안에 근무하다가 저녁이 되면 퇴근했습니다. 근무 시간이 정해져 있었지만, 시간 제한은 없었습니다. 휴일은 있었지만 요일 개념이 없었기 때문에 토·일요일을 기다린다거나 '월요병' 같은 사회 문화는 없었습니다.

조선 시대 관료들의 일상은 어떠했을까요? 출퇴근 시간은 언제였을까요? 점심 식사를 위한 구내식당은 있었을까요? 도성에서의 근무와 지방에서의 근무는 어떤 차이가 있었을까요? 여기에서는《실록》을 통해 알 수 있는 관료들의 소소한 일상을 살펴보려합니다.

관료들 쉬는 '국가 공휴일'은 일 년에 딱 이틀

조선 관료들의 근무 시간은 몇 시부터 몇 시까지였을까요?《경국대전》〈이전吏典〉고과 편에 따르면, 관료들은 묘시卯時에 출근하여 유시酉時에 퇴근했습니다. 묘시와 유시는 오늘날 오전 5~7시와 오후 5~7시에 해당합니다. 출근 시간이 오늘날보다 조금 이르지만, 전체적으로 크게 다르지 않습니다.

그러면 조선 관료들의 출퇴근 시간은 어떻게 정해진 것일까요?《경국대전》의 같은 조항에 부기로 해가 짧아지면 진시辰時에 출근해서 신시申時에 퇴근한다고 되어 있습니다. 오전 7~9시에 출근해서 오후 3~5시에 퇴근한다는 뜻입니다. 해가 짧아진다는 것은 겨울을 의미합니다. 겨울이 되어 해가 늦게 뜨고 일찍 지기 때문에 출근 시간을 늦추고 퇴근 시간을 앞당긴 것입니다. 이런 점에서 보면 조선 관료들의 출퇴근 시간 기준은 해가 뜨고 지는 시간이었음을 알 수 있습니다.

오늘날 오전 5~7시에 출근한다고 하면 상당히 이르다고 받아들일 것입니다. 8~9시 사이에 출근해서 9시부터 일하는 것이 일반적이기 때문입니다. 이른 아침 출근길 버스를 타면 피곤을 이기지 못해 졸음을 청하는 분들을 심심치 않게 볼 수 있습니다. 그렇다면 오늘날보다 더 일찍 출근했던 조선의 관료들은 어떠했을까요? 일찍 일어나는 것이 생활화되어 있기 때문에 피곤하지 않았을까요?

1423년(세종 5) 2월 12일(계해) 사헌부는 예문관 대교 양봉래가 조계朝啓에서 코를 골고 침을 흘렸다면서 처벌할 것을 건의했는데, 세종은 그를 용서했습니다. 예문관 대교는 사관史官으로서 현장에서의 대화를 기록해야 했습니다. 그런 사관이 조계에서 코를 골고 침을 흘리며 잔 것이었습니다. 회의 시간에 코를 고는 소리가 들렸을 때, 그 자리에 있던 모두가 소리의 주인을 찾아 고개를 돌리지 않았을까요?

여기서 조계는 이·호·예·병·형·공 등 6조六曹의 업무 보고를 말합니다. 사관이 조계에 참여하기 시작한 것은 1405년(태종 5) 6

월 14일(무인) 사관이 경연에만 참여하는 것은 유감이라는 형조참의 최긍의 제안 이후부터였습니다.

그렇다면 조계는 몇 시쯤 이뤄졌을까요? 《경국대전》에 따르면 매월 5·11·21·25일에 조참朝參을 행했습니다. 조참은 모든 관료가 근정전 앞에 도열하여 왕에게 출근했음을 알리는 의례였습니다. 조참이 끝나면 상참常參을 행했습니다. 상참은 오늘날로 비유하면 주요 관료 회의로, 매일 행해졌습니다. 의정부·종친부·6조 등 주요 부서들의 간부들, 경연관, 사관 등이 참석해 그날의 주요 안건을 논의했습니다. 상참이 끝나면 조계와 윤대輪對가 이어졌습니다. 조계에서는 6조를 중심으로 실무적인 일들을 처리했습니다. 윤대는 상참과 조계에 참여하지 못하는 부서들이 왕을 직접 대면하는 자리였습니다. 정리하면, 왕은 하루 일과의 시작을 전체 조회–간부 회의–실무 회의 순서로 진행했으며, 전체 조회는 특정일에만 행하고, 실무 회의는 주요 부서의 고정 인원이 참여하는 회의와 그렇지 않은 인원들이 순번을 정해 돌아가며 참여하는 회의가 행해졌습니다.

양봉래가 사관으로 근무하던 시기에는 고려의 관례를 따라 매월 1·6·11·16·21·26일에 조참이 행해졌습니다. 양봉래가 잠을 잔 날은 2월 12일이었기 때문에 조참은 행하지 않았습니다. 그렇다면 양봉래는 대략 7~9시에 출근하여 상참에 참석한 후 조계에 참석했을 것입니다. 의례적인 성격인 조참과 달리 상참과 조계는 각 안건에 대한 논의가 이어졌기 때문에 끝나는 시간이 정해져 있

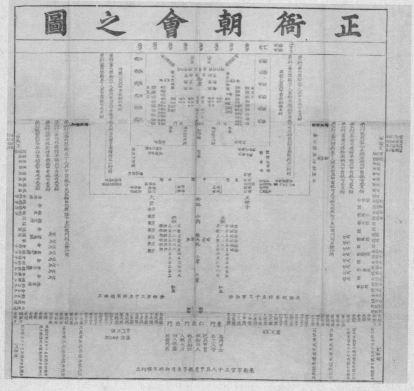

[그림 16] 〈정아조회지도正衙朝會之圖〉
작자 미상(1778). 정아正衙, 즉 창덕궁 인정전에서 거행되는 조회 시
관원들과 기물의 위치를 표시한 것으로,
1778년(정조 2) 4월 정조의 명에 의해 목판으로 새겨져 배포되었다.
＊ 소장처: 서울대학교 규장각한국학연구원.

지 않았습니다. 다만 조참-상참-조계-윤대까지 모두 행해도 대략 오전 중으로는 끝났습니다.

상참 시간과 관련하여 세조의 일화를 살펴보겠습니다. 1455년 (세조 1) 7월 19일(임진) 사헌부는 세조에게 상참이 너무 이르다면서 시간을 늦추자고 제안했습니다. 세조는 평소 아침에 일찍 일어나는데 대신들을 번거롭게 하지 않으려고 해가 뜬 후 5각剡 뒤에 상참을 진행했습니다. 1각이 대략 15분이니, 5각은 75분 정도가 됩니다. 세조는 기상하고 대략 1시간 15분 후에 상참을 했던 것입니다. 기상 시간이 이른 세조가 상대적으로 근무 시간에 구애를 덜 받는 공신이나 고위 관료들을 배려하기 위해 아침 일찍 상참을 했던 것이지요. 사헌부의 문제 제기는 상참을 일찍 진행하니, 상참에 참여하는 관료들이 일찍 출근했다가 상참이 끝난 후 집에 가서 아침 식사를 하고 다시 출근하는 문제가 있다는 것이었습니다. 정해진 근무 시간에 출근을 해야 하는 실무 관료들에게 너무 이른 상참 시간은 버거웠던 것입니다.

다시 양봉래의 사례로 돌아와 생각하면, 양봉래는 출근 이후 상참을 거쳐 조계를 행했기 때문에 대략 오전 시간이었을 것으로 보입니다. 그런데 오가는 대화를 기록해야 할 사관이 쏟아지는 졸음을 이기지 못한 채 그만 코를 골며 잠이 들고 만 것이지요. 사헌부는 그런 양봉래에게 벌을 줄 것을 요청했습니다. 근무의 피곤함에 불쌍히 여겼던 것일까요? 양봉래는 세종의 관대함 덕에 처벌을 피할 수 있었습니다.

그렇다면 당시 관료들의 공휴일은 언제였을까요? 왕의 생일 같은 기념일에는 업무 대신 연회가 개최되었습니다. 그러나 휴일을 집에서 가족과 함께 보내는 날이라고 정의한다면, 왕의 생일은 온전한 휴일이라고 보기에는 어려워 보입니다. 1429년(세종 11) 8월 24일(무술) 세종은 우의정에서 은퇴한 유관柳寬의 요청에 따라 3월 3일과 9월 9일을 영절令節로 정하고 관료를 포함한 모든 백성이 각각 명승지를 찾아가 태평성대를 누리도록 했습니다. 3월 3일과 9월 9일은 음력으로, 2023년의 음력 3월 3일과 9월 9일은 각각 4월 22일과 10월 23일입니다. 완연한 봄과 가을을 느낄 수 있는 때이지요.

3월 3일과 9월 9일, 양일兩日을 교외로 나가 즐기는 날로 정한 것은 중국의 당唐에서부터 시작된 것으로, 고려가 당을 따라 영절로 정했었습니다. 3월 3일은 교외로 나가 즐기는 날로 답청踏靑이라 했고, 9월 9일은 산에 오르는 날로 등고登高라고 했습니다. 세종이 두 날에 교외로 나가 태평성대를 누리도록 한 것은 고려 때의 관례를 따른 것이기도 하지만, 현 시대가 태평성대임을 보여주는 자신감의 표출이자 백성들로 하여금 스스로 태평성대라는 생각을 갖게끔 하려는 의도도 있었다고 생각됩니다. 실제로 세종은 9월 9일을 맞아 국가 원로와 고위 관료들을 보제원普濟院으로 불러 모아 연회를 열고 탁주와 음악을 내려주었습니다. 국가 원로와 고위 관료가 모이는 연회에 청주나 소주가 아닌 탁주를 보낸 것은 서민을 생각하라는 세종의 뜻이 담긴 것으로 보입니다.

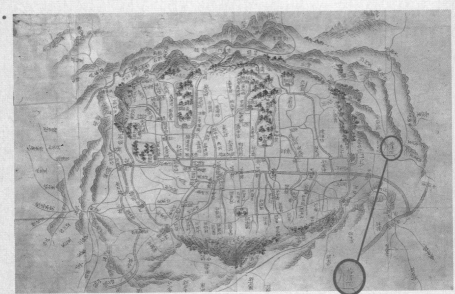

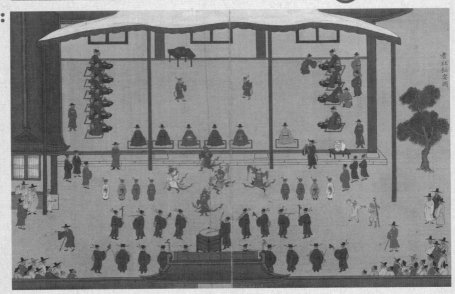

조선의 영절, 국가에서 허락한 공휴일, 교외로 나가 태평성대를 느끼는 날. 꼭 맞아떨어지는 것은 아니지만 오늘날로 비교하면 가족 여행을 위한 국가 공휴일이라고 할 수 있을 것 같습니다. 일제로부터의 독립을 기념하는 광복절, 헌법의 탄생을 축하하는 제헌절, 국가를 위해 희생한 순국선열과 호국영령의 뜻을 기리는 현충일 등도 물론 뜻 깊은 날이지만, 가족과 함께 여행을 가기 위한 국가 공휴일도 나름 의미가 있지 않을까요?

"승진은 선배 먼저" 엄격했던 연공서열제

과거 시험에 통과하여 관직에 임용되는 것, 과거 시험을 준비하

• [그림 17] 〈한양도漢陽圖〉

작자 미상(18세기).

오른쪽에 세종이 1429년(세종 11) 9월 9일 국가 원로와

고위 관료들을 모아 연회를 열어준 보제원이 보인다.

* 소장처: 서울역사박물관.

•• [그림 18] 〈기사 사연도耆社賜宴圖〉

《기사계첩耆社契帖》. 1719년(숙종 45) 2월 숙종이 59세로 기로소에

들어간 것을 기념하는 행사에 참여한 관료들이 궁중화원에게 의뢰해 만든

서화첩. 세종이 국가 원로와 고위 관료들을 모아 보제원에서 베푼

연회의 모습이 이와 유사했을 것이다.

* 소장처: 국립중앙박물관.

는 응시자라면 누구나 꿈꾸는 순간일 겁니다. 과거 시험에 통과한 사람들에게는 첫 관직이 무엇보다 중요합니다. 앞으로의 관료 생활이 순탄한 길이 될지 아니면 진급이 더딘 험난한 길이 될지, 첫 관직이 관건이었기 때문입니다.

예나 지금이나 관직에는 이른바 요직이 있습니다. 요직은 법으로 정해진 것은 아닙니다. 사람들의 선호도가 높은 부서 혹은 자리 등이 요직이라 할 수 있습니다. 진급이 빠르거나, 권한이 많거나, 그 사람의 선택에 따라 바뀌는 것이 많은 자리 등을 꼽을 수 있을 겁니다.

홍문관은 왕의 자문 기구로서 사헌부·사간원과 더불어 삼사三司로 불리는 언론 기관이었습니다. 홍문관은 요직이자 사람들의 선망을 받는 청직이었습니다. 경연에 참석하여 왕과 마주할 수 있었고, 언론 기관으로서 국내에서 발생하는 대부분의 일을 우선적으로 알 수 있었습니다. 수령과 같은 지방직 근무를 하지 않아도 4품 이상의 고위직으로 승진할 수 있었습니다. 홍문록이라는 별도의 명단에 들지 못하면 홍문관 관원으로 임명되지 못했습니다. 홍문관에 임명되는 것은 관료로서 탄탄대로를 보장받는 것이었습니다. 그럼에도 홍문관 관원의 승진을 제약하는 요소가 있었으니, 다름 아닌 후배가 선배를 뛰어넘어 승진할 수 없다는 것이었습니다. 여기서 선후배를 나누는 기준은 바로 과거 합격 순서였습니다.

1481년(성종 12) 11월 17일(정해) 권건權健은 사직을 요청했습니다. 자신의 선배인 직제학 이우보李祐甫보다 먼저 부제학副提學으로 승진할 수 없다는 이유에서였습니다. 권건은 이우보보다 자신이 뛰어난 것이 없는데 선배를 추월할 수 없다면서, 자신의 마음이 불편하기 때문에 사직을 청한다고 했습니다. 성종은 선배에게 양보하는 마음을 가진 권건을 쓸 만한 사람이라고 평가하면서도, 이우보가 아프기 때문에 권건을 직제학에 임명한 것이라 답했습니다.

홍문관의 관직 구성은 영의정이 겸하는 영사領事를 제외하면 대제학이 실질적인 홍문관의 수장이라 할 수 있으며, 그 아래로 제학, 부제학, 직제학, 전한, 응교 순서로 이어집니다. 이 가운데 직제학은 정3품 당하관이었지만 부제학은 정3품 당상관이었습니다. 《경국대전》에는 직제학이 결원이 있으면 그 아래 관직에서 승진하는 규정이 있었는데, 《명종실록》의 사례에 따르면 홍문관 직제학은 관례적으로 부제학으로 승진했던 것으로 보입니다. 이렇게 보았을 때 부제학 자리가 공석이 되어 순서상 직제학 이우보가 승진해야 하는데 몸이 아프니, 그 아래 전한典翰으로 있던 권건에게까지 기회가 간 것으로 추정됩니다.

이와 유사한 사례를 하나 더 살펴보겠습니다. 이세좌는 세조 대 공신으로 위세를 떨치던 이극감의 아들이었습니다. 그는 1477년(성종 8) 식년 문과의 갑과 2등(전체 2등)으로 급제하고 바로 사간원의 가장 높은 관직인 대사간에 임명되었습니다. 이는 관직에 있는 사람이 과거 시험에 합격하면 승진하는 규정에 따른 것으로,

공신의 아들이었던 이세좌는 이미 관직을 갖고 있었기 때문에 대사간에 임명되었던 것입니다.

문과에 합격하면 합격자들은 거리에서 축하 퍼레이드인 유가遊街를 했습니다. 이세좌는 대사간에 임명되었기 때문에 사간원의 나장羅將들이 '새로운 합격자 납신다'라는 뜻의 "신래新來"를 외치면서 거리의 사람들을 한쪽으로 비켜나도록 했습니다. 사람들을 한쪽으로 비켜나도록 하는 것을 벽제辟除라고 하는데, 사극 드라마에서 백성들이 관료의 통행을 위해 길을 비켜주는 장면을 상상하시면 될 것입니다. 즉 과거 합격자 축하 퍼레이드에 사간원 나장들이 동원되어 이세좌를 위해 길을 터주고 있던 것이었습니다.

그런데 주부主簿 최융 등 몇 사람이 이세좌의 행차를 피하지 않

● [그림 19] 〈삼일유가도三日遊街圖〉
작자 미상(조선). 과거에 급제한 주인공이 어사화御賜花를 꽂고 말을 탄 채 행진하는 모습을 그렸다. * 소장처: 삼척시립박물관.

●● [그림 20] 〈신은 실네 짓고〉
김준근, 《기산풍속화첩》(조선 후기). 과거 급제자를 축하하면서 놀리는 신고식을 그린 그림. 과거 급제자가 사흘 동안 시험관, 선배 급제자, 친척 등을 찾아 인사하던 삼일유가 가운데 급제자를 놀리는 모습으로 두 팔이 묶인 급제자는 어사화 끝을 문 채로 선배들 앞에 있다. 과거에 새로 급제한 사람을 신은新恩, 신래新來라고 하며 선배들이 급제자를 축하하며 놀리는 신고식을 '신래 불리다'라고 했다.
* 소장처: 국립민속박물관.

15세기 조선 사람과 만나다 ─●

앗고, 이로 인해 사간원 나장들과 분쟁이 발생했습니다. 이 소식은 사관四館을 통해 예조로 전해졌습니다. 사관은 문과 합격자만 임용되는 관서들인 성균관·예문관·승문원·교서관을 총칭하는 말로서, 이들 관서는 관례적으로 성균관 유생을 관리·감독할 수 있었습니다. 새로운 과거 합격자가 유가를 하면서 선배인 주부 최용 등과 마찰이 일어나자 그 소식이 사관을 통해 예조로 전해졌고, 그것이 다시 성종에게 알려진 것이었습니다.

예조는 "유생 선후배 사이의 예는 오래전부터 내려오는 것이며, 교화에 도움을 주고 있는데, 길거리에서 선배가 능욕을 당해 전통이 무너졌다"고 하면서 이세좌의 처벌을 요청했고, 성종은 예조의 요청을 받아들였습니다. 예조의 의견은 이세좌의 직책은 비록 대사간이지만 신규 합격자의 유가였기 때문에 선배였던 주부 최용 등이 피할 이유가 없으며, 오히려 최용 등을 욕보인 이세좌의 잘못이라는 것이었습니다. 즉 예조는 주부와 대사간 관계보다 선배와 후배의 관계가 더 우선한다고 생각한 것이고, 성종 또한 이를 수용한 것으로 보아 같은 생각을 했던 것입니다. 결국 이세좌는 선배의 종을 구타한 죄로 태 40대 형이 결정되었고, 성종은 이세좌를 외방 교수로 좌천시키는 것으로 사건을 매듭지었습니다. 이 사건에 대해 당시 사신은 다음과 같은 평가를 덧붙였습니다.

우리나라의 풍속은 새롭게 과거에 급제하여 당상관직을 받았다고 하더라도, 유가하는 날에 먼저 합격한 사람을 만나면 반드시 자신의 욕심을 굽히고 예를 행하며 오직 먼저 합격한 사람의 지시를 따르는데, 이는 대개 사문斯文의 선후배 구분을 엄격히 하려는 것이다. 그런데 이세좌는 문과에 합격하여 대사간을 제수 받아 길에서 먼저 합격한 사람을 만나도 벽제를 폐하지 않았고 혹 아래 관원이 말에서 내리지 않으면 말 모는 사람을 구타하여 신진의 예를 하지 않으므로 사관에서 분하게 여겼다. 예조가 수교受敎에 의거하여 형조로 옮겨 국문하니, 이세좌의 숙부 이극증·이극돈은 모두 "세좌가 비록 신래新來지만 간관이니 벽제하는 것이 마땅하다. 화내는 자가 잘못이다"라고 했고, 홀로 백부 이극배만 "이세좌가 진실로 잘못했다"라고 했다(《성종실록》 권78, 성종 8년 3월 16일 계미).

이 글을 보면 유가하는 날 신규 합격자인 신래는 먼저 합격한 선배인 선진자의 지시를 무조건 따라야 하며, 그것이 곧 이른바 선후배의 분위分位 때문이었다는 것을 알 수 있습니다. 주목되는 것은 사건을 바라보는 이세좌 삼촌들의 시각이 달랐다는 것입니다. 백부였던 이극배만 이세좌가 잘못한 것이라 했고, 이극증·이극돈은 이세좌에게 죄가 없다고 보았습니다. 이지직의 손자이자 이인손의 아들이었던 이극배·이극감·이극증·이극돈·이극균과 이지직의 손자이자 이예손의 아들이었던 이극규·이극기·이극견 등은 모두 사촌 관계로서 당대 최고의 문인 가문이었습니다. 이세좌의 아버지였던 이극감은 1465년(세조 11)에 죽었고, 이극균은 당시 영안도 관찰사로 재직 중이었기에, 사론에는 이극배·이극증·이극돈의 반응만 실려 있었던 것입니다.

이 사례의 갈등 요소는 '신래인 대사간 이세좌와 선진자인 주부 최융의 관계를 어떻게 볼 것인가'였습니다. 다시 말해 신래와 대간臺諫 중 어떤 것을 우선으로 보고 이세좌의 지위를 판단해야 하는가였습니다. 성종·예조·이극배·사관 등은 선후배 간의 분위, 즉 선후배의 관계가 더 중요하다고 판단했고, 이극증·이극돈은 관직이 더 중요하다고 보았습니다. 여기서도 알 수 있듯 선후배의 관계가 더 중요하다는 것이 다수 의견이었고, 성종의 최종 판단도 다수 의견과 마찬가지였습니다.

공무 중 안전사고에 사형을……?

1429년(세종 11) 9월 15일(무오) 용산에 있던 군자감이 기울어져 위태로운 곳을 수리하던 도중 5명이 압사하고 30여 명이 다쳐 의원을 보내 치료하도록 했다는 짧은 기록이 있습니다. 용산에 있던 군자감이라면 무기 혹은 군량을 보관하는 창고일 가능성이 크며, 건물이 기울어 수리하던 도중이었다는 서술로 보아 건물이 무너지면서 사람들이 죽고 다쳤던 것으로 보입니다. 공무 중 5명이 죽고 30명이 다치는 대형 사망사고가 발생한 것입니다.

이날의 사고 경위는 16일(기미)과 17일(경신) 세종이 의금부에 내린 조사명령서를 통해 유추해볼 수 있습니다. 16일(기미) 세종은 죽은 사람을 기리며 조참·시사視事·윤대·경연을 중단했습니다. 오전 일과를 모두 생략한 것입니다. 그리고 의금부에게 다음과 같이 명했습니다.

> 군자 강감軍資江監의 조성감역관造成監役官 판사 김재, 판관 최약지, 직장 김자남 등은 공사 감독을 조심하지 않아 사람이 압사에 이르게 했으며, 또 모두 흩어져 달아나 (사람들을) 즉시 구조하여 살리려 하지 않았다. 또한 부정 황보규, 주부 유상영·정양, 직장 민건, 녹사 최복해 등도 일을 살피지 않았으니 그들을 모두 국문하라. 아울러 감역제조監役提調인 공조판서 오승, 전前 판목사 우균 등도 옥에 가두고, 처음 건축할 때에 터 닦기[整地]와 건축 모두를 제대로 하지 않아 기울어져 위태롭게 되었으니, 그때의 감조제조관監造提調官도 모두 가두고 국문하라.

세종의 명에 따르면, 사고가 발생하자 조성감역관 판사 김재 등 3명은 사람들을 구조하지 않고 모두 달아났습니다. 달아났다고 표현했지만 아마도 현장을 벗어났다고 보는 편이 맞을 것 같습니다. 현장에 있지 않았으니 '몰랐다'고 주장하면서 정상참작을 꾀했던 것으로 보입니다. 만약 이들이 사고 현장을 벗어나지 않

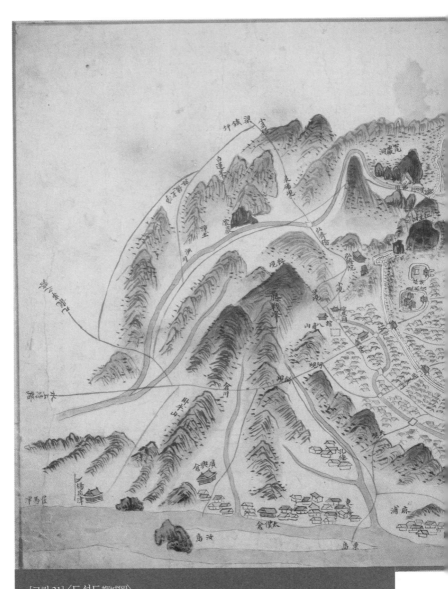

[그림 21] 〈도성도都城圖〉
편자 미상, 《동국여도東國輿圖》(19세기). 한성부 관할 영역과 거의 일치하게 그린
지도. 가운데 아래쪽에 1429년 9월 15일 수리 도중 5명이 압사하고 30여 명이
다친 군자감이 보인다. * 소장처: 서울대학교 규장각한국학연구원.

都城圖

軍資監

軍資監

115

고 좀 더 적극적으로 현장을 지휘하면서 사람들을 구조했다면 인명 피해가 줄어들지 않았을까요?

세종은 이들 외에 부정 황보규 등 5명도 현장을 살피지 않았다는 죄목으로 국문을 명했는데, 이들은 직책상 실무진으로 보입니다. 즉 앞의 세 사람이 책임자급이었다면, 이들은 실무진급으로서 현장을 꼼꼼하게 살피지 못했음을 추궁하라는 것이었습니다. 그리고 감역제조 공조판서 오승 등 2명도 옥에 가두었습니다. 제조란 그 부서를 전체적으로 관리·감독하고 부서의 요구·불편 사항 등을 왕에게 전달하는 관직이었습니다. 감역제조라는 것으로 보아 이들은 토목 공사에 대한 전체적인 관리·감독을 담당했을 것입니다. 따라서 이들의 책임도 추궁해야 한다는 것이었습니다. 마지막으로 애초에 건물을 부실하게 지은, 최초 건설 시 제조관이었던 사람들도 모두 책임을 추궁하도록 했습니다. 사망 사고가 발생한 만큼, 이와 관련된 모든 사람에게 책임을 묻겠다는 세종의 의지가 엿보입니다.

다음날인 17일(경신), 세종은 의금부 제조 이맹균에게 이들의 죄목을 내려보냈습니다.

첫 번째 죄는, 무릇 기울어져 쓰러질 것 같은 집을 수리할 때는 알맞은 기구와 도구를 모두 준비하고, 경각심과 긴장감을 가지고 행해야 사고가 없을 텐데, 이번 군자감의 관리들은 기구와 도구를 갖추지 않았다는 것이다.

15세기 조선 사람과 만나다 ──●

두 번째 죄는, 건물이 기울어져 전복되게 한 것이다.

세 번째 죄는, 많은 사람을 깔려 죽게 한 것이다.

네 번째 죄는, 즉시 구조하여 살리지 않은 것이다.

다섯 번째 죄는, 구조하지 않고 다투어 돌아온 것이다.

사람이 깔렸으면 마땅히 놀라서 구조하는 데 쉴 틈이 없었어야 할 것인데, 오히려 수금囚禁될 것을 미리 생각하고 걸어가는 것을 꺼려서, 모르는 체하고 성으로 들어와, 급히 달려가 구제하지 않아 살아날 수 있는 자도 또한 죽게 만들었다. 생각하건대 그들은 모여서 술을 마시고 몹시 취하여 (사고당한 사람들을) 돌아보지 않았을 것이니 마음의 완악頑惡함이 심하다. 마땅히 그 까닭을 추국하여 보고하라.

세종이 지목한 죄목은 구구절절 옳은 내용입니다. 공사에 필요한 적절한 도구를 갖추지 못해 사고가 일어났고, 사고로 사람이 죽었으며, 사고 시 사람들을 구조하지도 않고 오히려 현장을 이탈한 죄를 묻고 있기 때문입니다. 여기에 더해 세종은 이들의 마음씨가 고약하다면서, 분명 술을 먹고 있었기 때문에 이러한 행태를 보였을 것이라 추정했습니다. 그러면서 의금부에 이들이 이러한 행태를 보인 이유를 파악하라고 명했습니다. 사고의 전말을 근거로 이들의 죄목을 지목하고 사건 발생의 원인 파악을 주문한 것입니다. 세종이 이 사건에 적극적으로 개입한 것은 사람이 상당히 많이 죽었기 때문일 것입니다.

뒤이어 세종은 도승지 정흠지에게 명하여 이번 사고로 부상당한 승려들은 그들의 집에 연락하여 보호받을 수 있도록 하고, 다른 공사 현장들도 살펴서 다치거나 죽는 승려들이 없도록 하라고 했습니다. 이렇게 보았을 때 사고의 사상자들은 승려들이었다는 것, 사고가 발생하자 책임자들이 고의적으로 사고 현장을 이탈했다는 것, 그들의 사건 현장 이탈 사유는 책임을 면하기 위해서라는 것을 알 수 있습니다. 당시 승려들이 토목 공사에 투입되는 것은 일반적인 일이었습니다. 절을 짓거나 보수해야 했기에 승려들은 토목 기술 및 경험이 있었고, 승려들을 불러와 일을 시키는 것이 농부들을 투입하는 것보다 부담이 적었습니다. 물론 승려들을 강제로 동원한 것은 아니었습니다. 토목 공사에 투입된 승려들은 나중에 도첩을 받을 수 있었습니다. 도첩을 받은 승려는 지위를 합법적으로 인정받을 수 있었습니다. 토목 공사에 승려를 동원하는 것은 관과 승려 모두에게 이익이었던 것입니다.

같은 달 24일(정묘) 의금부는 위 사람들 가운데 김재 등 3인에 대해 "사람들이 압사하도록 만들었으니 장杖 100에, 도徒 3년의 형에 해당합니다"라고 보고했습니다. 그러자 세종은 "다른 업무를 담당하는 관원이 구조할 수 있었음에도 불구하고 구조하지 않았다면 직무 이외의 일이니 죄가 조금 가벼울 수 있다"면서, "장난을 치다가 잘못해 사람이 죽으면 살인죄가 되는데, 하물며 김재 등은 자신의 직무임에도 불구하고 걸어갈 것을 꺼려 구제하지 않았으니 죄가 크다. 다시 법률을 살펴보라"고 했습니다. 세종은 해당 조문이 없으면 비율比律도 좋다고 했습니다. 이는 상황과 죄목이 비슷한 법 조항을 적용하라는 것이었습니다. 이후 다시 세종은 비율을 쓰지 말고, 해당 조문이 없으면 왕지王旨를 받아 시행하라고 했습니다. 해당 조문이 없으면 자신이 직접 처분을 내리겠다는 것으로, 이번 사건에 대해 강력한 처벌을 하겠다는 세종의 의지 표명이었습니다.

여기서 한 가지 주목되는 부분은 '걸어갈 것을 꺼려'라는 대목입니다. '돌아왔다'는 것은 그 자체로 잘못이지만, '걸어올 것을 꺼려'는 무엇을 의미하는 것일까요? 걷는 것을 꺼렸다면, 가마를 타거나 말을 타고 왔을 것입니다. 만약 전자라면 구조 활동에 동원될 사람을 다른 일, 그것도 죄를 피하기 위해 피신하는 데 동원한 것입니다. 후자라면 건물 잔해를 들어내는 데 유용한 말, 즉 축력을 즉시 이용하지 못하게 만든 것입니다. 세종이 이 대목을 계속 언급한 것은, 단순 피신이 아니라 그 피신으로 인해 더욱 많은 피해를 야기했음을 강조하려 했던 것으로 생각됩니다.

의금부는 건물 잔해에 깔린 사람을 즉시 구조하지 않아 죽거나 다치게 만든 죄를 물어 김재·최약지·김자남金自南 등에게 장 100대에 3,000리 유배형을 내리고 사망자의 장례비로 은 10냥 추징을 구형했습니다. 그리고 건물 잔해에 깔린 사람을 구조하지 않고 도망친 죄는 김재는 주범으로, 최약지와 김자남은 공범으로서 참형에 처하고, 황보규·유상영·정양·민건·최복해 등은 장 80대를 구형했습니다.

　결국 이 사건으로 최종 책임자였던 김재는 참형에 처해졌고, 최약지·김자남은 장 100대를 맞고 3년 동안 노역을 해야 했습니다. 그리고 이들로부터 은 10냥을 추징하여 사망자의 장례비로 지급했습니다. 실무진들 5명 중 정양·최복해는 장 60대를 맞았고, 나머지 3명 중 유상영과 민건은 공신 자제를 이유로 면제받았고 황보규 또한 면제를 받았습니다. 유상영과 민건은 공신 자제라는 이유가 명시되었지만 황보규는 이유를 명시하지 않았습니다. 아마도 황보규는 죄가 크지 않아 처벌을 면했던 것으로 보입니다.

　공무 중 발생한 사고로 인해 다수의 인명이 죽거나 다쳤고, 책임자였던 김재는 죽음으로써 그 벌을 받아야 했습니다. 죽거나 다치게 만든 하나의 죄만 묻는 것이 아니었습니다. 공사의 준비 상황과 평시 공사 진행 상황, 사고 발생 이후부터 구조 및 수습 처리 등 모든 것을 조사하고 각각의 죄목을 정했습니다. 이는 당시 조선 사회의 인명 사고 처리가 상당히 상세했음을 보여줍니다. 물론 다수의 사람이 감형되거나 고위 관료의 자제라는 이유로 죄를 받지 않은 사람도 있었지만, 책임자를 사형으로 처벌함으로써 사고 처리를 상징화하고 나머지 사람들에게는 실질적인 벌을 줬다고 보아야 할 것입니다. 그리고 처벌을 면한 공신 자제는 추후 죄를 범했을 때 더이상 공신 자제라는 '면죄부'를 사용할 수 없었을 것입니다. 공신 자제들이 받았던 처벌 또한 공신이 대우받던 당시 사회 분위기를 감안하면 결코 가볍지 않았던 셈이지요.

산천초목이 떤 어사 조지서

《성종실록》에는 어사 조지서趙之瑞와 관련된 일화가 담겨 있습니다. 다음 사료는 각각 1489년(성종 20) 4월 4일(임진)과 11월 23일(정축)의 기사에 실려 있는 내용입니다.

이보다 앞서 여러 차례 어사를 보내 불시에 감사[廉訪]를 시행했는데, 오로지 하나의 군만을 지정하거나 (지목된 군현을 가는데) 거쳐 가게 되는 주현을 아울러 문부文簿를 수색하고 조사해 적발을 많이 하였다. (그래서) 여러 고을이 소란했는데, 곳곳에서 요행으로 감사를 벗어나는 간사함이 갈수록 심해졌다.

어사들이 경악經幄(경연)의 시종侍從하는 반열에서 많이 배출되니, 하나의 관館을 지나가기만 하면 여러 고을에서는 먼지만 바라보고도 급히 기별하는 것이 전쟁 소식을 전하는 것보다 빨랐다. 이를 일컬어 호성식虎聲息이라 했는데, 대개 어사를 호랑이처럼 두려워했기 때문이었다. 간혹 호협한 무리들이 말을 달려 고을을 지나가면 도로에서 그들끼리 서로 홍문유弘文儒라고 지목하며 선동하였다.

조지서가 일찍이 광주廣州에서 감사[廉察]를 매우 가혹하게 했는데, 후에 어떤 어사가 광주를 향하여 가니, (광주의) 아전이 수령에게 달려가 "조趙가 옵니다. 조가 옵니다"라 보고했는데, 기둥에 부딪히는 것을 깨닫지 못하고 (부딪혀) 넘어졌으니, 멀리서 바라보기만 하고도 소란스러운 바가 이와 같았다.

이번 어사 파견 때, 조지서가 급히 출발하여 며칠이 안 되는 동안에 온 충청도를 두루 돌면서 직접 권농勸農·이정里正의 집에 드나들며 수령들이 요역에 차출하면서 발급한 문서를 찾아 적발하니, 여러 군현이 소문을 듣고 놀랐고, 시골[村巷]의 아이들과 부녀들도 모두 조지서란 것을 알게 되었다.

그 뒤에, 조지서가 다른 사명使命을 받들고 광주를 지나가게 되었다. 마침 수령이 손님을 응대하고 있었는데, 고을의 아전이 "조, 조지서가 옵니다"라고 하자, 주인과 손님이 허둥지둥 피했고 한참 있다 (지나쳐 가는 것을) 알게 되었으니, 조지서의 적발에 겁먹음이 이와 같았다.

두 사료 모두 성종 대 어사 파견과 관련된 내용을 담고 있습니다. 첫 번째 사료의 내용은 하나의 군현을 지정해 어사를 보내 감찰하도록 하고 그 군현에 가기 위해 거쳐 가는 다른 군현 또한 감찰하도록 했는데, 처음에는 군현들이 당황했지만 시간이 흐를수록 감찰을 피하는 방안을 고안해냈다는 것입니다. 문부를 수색한다는 것은 결국 문서의 내용이 실제와 맞는지를 따지는 것이었기 때문에, 군현들은 이 점을 파고들어 감찰을 무력화시켰던 것입니다.

경악의 시종이란 삼사 등을 가리키는데, 당시는 홍문관 관원들이 어사로 발탁되었습니다. 홍문관은 당시 가장 뛰어난 인재들이 있던 곳이었기 때문에 개개인 모두 유명세가 있었습니다. 따라서 용모를 통해 신원을 확인할 수밖에 없는 한계에도 불구하고, 누가 어사인지 쉽게 알아볼 수 있었을 것입니다. 그리고 지금도 유사하지만, 어사가 어떤 길로 들어서냐에 따라 감찰 군현을 예상할 수 있었습니다. 즉 어사가 들어선 길과 연결된 군현들은 어사의 이동 경로를 파악하면서 감찰에 대응했던 것입니다.

재미있는 것은 마지막에 있는 조지서의 이야기입니다. 조지서가 경기도 광주에서 감찰을 가혹하게 했는데, 이후 다른 어사가 광주 방향의 길로 들어서기만 했는데도 고을의 아전이 놀라서 수령에게 보고하다가 기둥에 부딪혔다는 것입니다. 가혹하게 했다는 것은 문서에 있는 작은 것 하나하나까지 아주 세심하게 살펴보았다는 뜻으로 읽힙니다. 이 한 번의 경험이 얼마나 강렬했는지는 아전의 행동을 통해 알 수 있습니다. 어사가 광주를 향하는지도 알 수 없는 상황에서, 광주 방향으로 들어섰다는 것만으로 급히 달려와 "조가 옵니다"라 보고하고 있기 때문입니다. 조지서가 광주 고을을 뒤흔들어 놓았던 모양입니다.

조지서가 어사가 되었을 때 감찰을 어떻게 했는지는 두 번째 사료에서 잘 드러납니다. 조지서는 임명을 받자마자 서둘러 출발했는데, 이는 군현들로 하여금 감찰에 대비할 시간을 주지 않기 위해서로 보입니다.

　충청도에 들어서고 난 후에는 직접 권농·이정의 집에 찾아가 요역과 관련된 불법 행위의 증거를 찾았습니다. 권농·이정은 마을에서 관의 업무를 보조해주는, 오늘날의 통·반장과 유사한 역할을 담당한 사람들이었습니다. 요역 차출이 공정하게 이루어지는지, 혹 불법이나 불공정한 행위는 없었는지 등을 수령이 아닌 말단 행정에서 찾은 것이었습니다. 이러한 감찰 행위는 충청도 군현들에 상당한 충격을 주었던 것 같습니다. 시골의 아이들과 부녀들까지 모두 조지서라는 사람을 알게 되었으니 말입니다.

　사료 말미의 광주 일화도 흥미롭습니다. 조지서가 어사가 아닌 다른 용무로 광주를 지나가게 되었는데, 조지서가 광주로 향하고 있다고 오인한 아전이 수령에게 달려가 이러한 내용을 보고했고, 수령은 마침 손님을 응대하고 있었는데 모두 놀라 자리를 피했다는 내용입니다. 이 사료로만 보면 "충청도에서 가혹하게 감찰을 한 조지서의 악명이 경기에도 퍼졌다"라고 할 수 있습니다.

　다만 이 내용을 앞 사료와 연결해보면, 충청도로 향하는 경로에 있던 광주도 감찰을 했거나 충청도를 다녀온 뒤 어느 시점에 광주를 감찰했다고 보아야 할 것입니다. 즉 광주도 조지서의 감찰을 받았기 때문에 기억이 강렬하게 남아서 이 같은 일화가 만들어졌고, 그것이 실록에까지 기록되었던 것입니다. 당시 홍문관의 유신이라는 뜻을 갖고 있는 '홍문유'가 어사를 가리키는 은어처럼 사용된 것을 보면, 조지서와 광주 일화는 사실이었을 가능성이 큽니다.

그렇다면 어사 파견에 대한 성종과 관료들의 인식은 어떠했을까요? 이와 관련하여 성세명 등 어사로 임명된 사람들의 발언이 흥미롭습니다.

> 신들이 마땅히 여러 고을들을 살펴보아야 할 것인데, 부민고소금지법이 《경국대전》에 실려 있습니다. 비록 자기의 원통한 일이 아니더라도 고하는 사람이 있다면, 수리하여 처리해도 되겠습니까? 어사를 보내는 뜻은 민간의 병폐와 고통을 묻게 하려는 것인데, 사목事目의 내용은 곧 간사한 일들을 적발하는 것입니다. 어떻게 처리해야 합당하겠습니까?(《성종실록》 권234, 성종 20년 11월 23일 정축)

성세명 등이 걱정한 것은 두 가지입니다. 하나는 부민고소금지법과의 충돌입니다. 부민고소금지법은 자신이 당한 억울한 일을 제외하고는 수령에 관한 일을 고소하지 못하게 한 것입니다. 즉 자신의 일에 해당하는 것만 고소할 수 있다는 법입니다. 따라서 백성들이 자신과 상관없는 일을 고소하면 부민고소금지법을 위반하게 됩니다. 성세명 등은 이때의 처리 방침을 달라는 것이었습니다. 부민 고소가 허용된다면 수령의 불법·비리 행위

[그림 22] 진주장흥리숙종사제문비晋州長興里肅宗賜祭文碑
1718년(숙종 44)에 왕이 지족당 조지서를 배향한 신당서원에
예조좌랑 이안국을 보내 치제하게 한 사제문을 새긴 비석.
조지서는 수령의 불법 적발을 위해 말단 관리 집까지 찾아가는 등
어사로서 충실히 임무를 수행했다.
* 출처: 문화재청.

를 더 많이 발견할 수 있기 때문에 이러한 질문을 했던 것으로 보입니다.

두 번째는 사목, 즉 구체적인 감찰 지침과 관련된 것입니다. 사목의 내용은 뒤에서 살펴보도록 하고, 여기서는 그 성격을 생각해보려 합니다. 어사는 병폐와 고통을 듣는 것이 주 업무인데, 사목의 내용은 간사한 일들을 적발하는 것이라 했습니다. 이는 비슷하면서도 다릅니다. 전자는 어사가 내려가서 백성들이 어떤 상황에 처해 있는지를 살펴보는 것인 반면, 후자는 구체적인 항목을 가지고 제대로 시행하고 있는지 감찰하는 것이기 때문입니다.

이러한 질문에 성종은 다음과 같이 답했습니다.

민간의 병폐와 고통을 물어보는 것은 곧 제왕이 백성들을 인애仁愛한다는 뜻이다. 관원을 택해 임무를 맡기는 것은 민간의 병폐와 고통을 알고자 함과 더불어 권선징악의 뜻을 갖고 있어서이다. 그대들이 이미 명을 받아 민간의 병폐를 묻게 되었으니 마땅히 그 고하는 말을 남김없이 들어줘야지, 어찌 부민고소금지법에 구애되어 그 도리를 다하지 않을 수 있겠는가? 또 임금이 어사를 보내 백성의 병폐를 묻게 했는데, 백성 역시 무엇이 두려워 그 정상을 고하지 않겠는가? 하물며 먼저 수령에게 고하지 않은 것들이겠는가? 무릇 백성이 고하는 일은 그 실정을 반드시 파악하지 않아도 바로 듣는 대로 서계하라. 그대들이 모든 고을을 다 돌아보았지만 알아낸 것이 적다고 하더라도, 고양이 앞에 선 쥐와 같은 형세일 것이니 어찌 해가 되겠는가?(《성종실록》 권234, 성종 20년 11월 23일 정축)

성종이 성세명 등에게 한 이야기는 특별한 것이 아니었습니다. 왕이 백성들의 병폐, 즉 무엇이 불편한지 묻는 데에는, 백성들을 사랑하는 마음과 관료들을 상 주고 혼내는 마음이 함께 있다는 것이었습니다. 또한 어사 파견에 내포된 두 가지 목적이 별개의 것이 아니라 상통하는 것이었기 때문에, 부민고소금지법도 문제 될 것이 없다고 했습니다. 그러면서 현실적인 대처 방안으로 백성이 고하는 내용의 핵실覈實, 즉 실정을 파악하지 말고 듣는 바대로 자신에게 보고하도록 했습니다. 성종 자신이 백성의 목소리를 직접 듣고 파악하겠다는 것이었습니다. 마지막으로 성종은 비록 어사가 적발하지 못했다 하더라도 고양이 앞의 쥐처럼 긴장감과 경계심을 줬을 것이니, 문제 될 것이 없다고 했습니다.

같은 관료로서, 타인의 행적을 감찰하는 것은 분명 즐거운 일은 아니었을 것입니다. 평소 친분이 있다면 더욱 그러했을 것입니다. 아마도 성세명 등의 걱정은 이러한 데서 비롯된 것으로 보입니다. 명분은 부민고소금지법을 들고 있지만, 적발하는 것 자체를 걱정하고 있었기 때문입니다. 이러한 어사들의 마음을 알았던 것일까요? 성종은 어사들은 자신을 대리하여 백성의 고통과

불편함을 묻는 것이라면서 어사들의 마음을 편하게 만들어줬습니다. 또한 어사들에게 백성들의 고소에 대한 사실관계 파악을 하지 말고 자신에게 알리라고 했는데, 이는 현장에서 불거질 수 있는 수령과의 마찰 내지 불편함 등을 미리 조치한 것이라 할 수 있습니다.

그렇다면 어사의 사목, 즉 감찰 항목에는 어떤 내용들이 있었을까요? 어떤 항목들이 담겨 있었기에 어사들이 임무 수행에 앞서 우려를 표했던 것일까요?

1. 환상還上을 수납할 적에 곡·두斛·두斗를 법대로 바로잡았는지 여부
1. 공물貢物을 경작의 다소대로 균일하게 나눠 배정했는지 여부
1. 관아의 말[馬匹]과 노비의 수를 더 두었는지 여부
1. 사행私行의 접대 여부 및 관할 구역 내 도둑 발생 여부
1. 부역은 공평하고 학교는 잘 운영되고 있는지 여부
1. 교활한 아전이 권력을 농간하고 폐단을 부리는지 여부
1. 일체의 불법과 그로 인한 민간의 폐해가 있는지 여부
1. 송사를 처결한 건수 조사

《성종실록》 권234, 성종 20년 11월 23일 정축)

총 8개의 항목으로 구성된 어사 사목은 수령의 직무 수행 여부

를 파악하는 것이었습니다. 먼저 첫 번째 항목은 환곡에 관한 규정인데요. 환곡은 봄에 빌려준 곡식을 가을에 되돌려 받는 것이었습니다. 폐단은 나눠줄 때보다 받아들일 때 발생했습니다. 쌀의 부피를 재는 그릇을 규정보다 큰 것을 사용하여 받았기 때문에 백성들은 쌀을 받을 때보다 더 많은 양을 관에 납부해야 했던 것입니다. 첫 번째 항목의 규정보다 큰 곡·두 사용 여부를 조사하라는 것은, 바로 이 부분을 살펴보라는 것이었습니다.

두 번째는 공물 배정과 관련된 것이었습니다. 공물은 지역의 특산품을 현물로 납부하는 것이었는데요. 현물을 마련해야 한다는 측면에서 어려움이 많은 세금이었습니다. 예를 들어 호랑이 가죽이 그 군현에 배정되어 있다면, 군현은 군현 내에 호랑이가 있든 없든 누군가에게 호랑이 가죽을 배정해야 했습니다. 두 번째 조항은 공물의 배정 기준이 적법하게 적용되었는지를 살펴보라는 것이었습니다. 이때 사용된 기준은 경작의 다소, 즉 '얼마나 많은 농지를 경작하고 있는가?'였습니다. 경작지가 많다는 것은 쌀 생산량이 많다는 것으로, 곧 소득이 많다는 것을 의미했습니다. 경작하는 양이 많을수록 공물을 더 많이 배정하고 경작하는 양이 적으면 공물을 더 적게 배정하는 것, 이는 다시 말해 소득에 비례해서 세금을 적절하게 부과했는지를 감찰하라는 것이었습니다.

세 번째는 관아에서 사용하는 말과 노비의 수를 조사하라는 것이었습니다. 당시 관공서는 보유하고 있는 품목마다 정해진 수량이 있고 그만큼을 유지해야 했습니다. 말은 오늘날의 자동차라고 할 수 있고, 노비는 허드렛일을 하는 사람들이라 볼 수 있습니다. 정해진 숫자보다 말과 노비를 더 보유하고 있다는 것은 수령이 부를 축적했다는 의미일 수도 있기 때문에, 보유 수량을 조사하도록 했던 것입니다.

네 번째는 사행 접대와 도둑 발생 여부를 조사하는 것입니다. 사행 접대는 손님 응대로서, 수령이 자신의 권한을 이용하여 사적인 손님 접대를 하고 있는지를 감찰하라는 것입니다. 수령은 목민관으로서 왕의 대리자인데, 그 권한을 이용하여 개인적인 친분이 있는 사람을 접대하는 것은 부적절했기 때문이었습니다.

도둑 방비 여부는 수령이 '관할 구역의 치안을 잘 유지하고 있는가?'라고 볼 수 있지만, 한편으로는 '백성들을 잘 보살피고 있는가?'와도 연결됩니다. 이는 다시 '도둑이 왜 발생하는가?'와 연결됩니다. 조선 사회에서 도둑이 발생하는 원인은 주로 굶주림에서 비롯되었습니다. 먹을 것이 없기 때문에 타인의 것을 훔치고, 타인의 것을 훔친다는 것은 곧 도둑이 되는 것이었습니다. 따라서 도둑 발생 여부를 조사하는 것은 치안과 더불어 백성들이 굶주리지 않도록 수령이 잘 보살피고 있는가를 함께 살피는 것이었습니다.

다섯 번째는 부역을 공평하게 하고, 학교를 잘 운영하라는 것입니다. 부역은 요역과 공물을 합쳐서 지칭하는 경우가 있는데, 앞서 공물을 별도 항목으로 다뤘기 때문에 여기서는 요역을 가리키는 것으로 보입니다. 조지서가 충청도에서 요역을 공평하게 배정했는지 권농·이정의 집에 찾아가 증거 자료를 확보했다는 것은, 이 항목에 해당하는 것이었습니다.

조선은 군현마다 향교를 두고 지방의 자제들을 가르쳤습니다. 학업을 포함한 향교의 실질적인 운영은 교수·훈도 등 교관을 임명하여 담당하도록 했습니다만, 의례를 포함한 향교 운영의 책임은 수령에게 있었습니다. 교육은 그 특성상 성과가 빠르고 두드러지게 나타나지 않습니다. 수령이 관심을 쏟아도, 쏟지 않아도 결과가 크게 바뀌지 않았습니다. 이로 인해 수령은 향교에 소홀하기 쉬웠습니다. 수령이 향교 운영에 관심을 갖고 있는지 여부를 살펴보라는 것은 이러한 배경에서 기인한 사목이었습니다.

여섯 번째는 아전의 농간을 단속하라는 것이었습니다. 사실 수령은 관할 군현의 행정·사법·군사·교육 등 모든 분야를 망라하고 있었기 때문에 업무가 과중했습니다. 그래서 이른바 이방·호방 등 향리들의 도움을 받지 않을 수 없었습니다. 특히 재정과 관련된 분야, 예를 들면 환곡을 나눠주고 거둬들이는 것, 부역과 공물을 배정하는 것 등은 호방 등 향리에게 위임되기 일쑤였습니다. 모든 사안을 하나하나 살펴볼 수 없는 수령은 향리가 가져온 안을 별다른 검토 없이 추인하는 경우가 있었고, 이 과정에서 향리가 농간을 부릴 가능성도 높아집니다. 성종은 어사들에게 이러한 부분을 들여다보라고 한 것이었습니다.

일곱 번째는 기타 불법적인 일들과 그로 인한 민간의 폐해를 살펴보라는 것이었습니다. 앞의 조항들과 달리 다소 포괄적인 내용으로 보입니다만, 쉽게 표현하면 '그 밖의 기타 불법적인 사안을 조사하라'는 것이었습니다.

마지막 여덟 번째는 송사를 처결한 건수를 조사하라는 것이었습니다. 이는 수령이 송사를 빨리 심리하지 않고 늑장 부리는 것을 방지하기 위해서였습니다. 지금도 마찬가지겠지만, 수령의 사법적 판단이 늦을수록 예상치 못한 피해가 발생할 가능성이 컸습니다. 특히 상대적으로 힘을 가진 자와 그렇지 못한 자의 소송일 경우, 판결이 지체될수록 힘이 없는 자는 제풀에 지쳐 소송을 포기할 수 있었습니다. 따라서 수령이 처리한 소송 건수를 조사함으로써, 수령들이 경각심을 갖고 소송에 임하도록 했던 것입니다.

어사들에게 내려준 권한과 조사 항목만 보면, 수령과 아전들의 불법 행위와 비리는 곧 근절되었을 것입니다. 그러나 현실에서는 그렇지 못했지요. 이는 피감자라 할 수 있는 수령과 아전들도 어사의 감찰에 적응한 측면이 주요 요인일 것입니다. 여기에 더해 어사의 의지 또한 주요 변수였습니다. 어사가 불법을 파악하지 못하면 혹은 파악하지 않으면 비리를 적발할 수 없었기 때문입니다. 따라서 군현들은 어사가 언제 오는지, 누가 파견되는지를 알기 위해 관심을 기울였던 것입니다.

조지서는 어사로서 임무를 충실히 수행하기 위해 최선을 다했습니다. 누구보다 일찍 출발했고, 수령의 불법을 적발하기 위해 말단 관리의 집까지 직접 찾아다녔습니다. 조지서의 사례가 두드러지게 남은 것은, 다른 어사들보다 조지서가 업무를 특히 더 열

심히 했다는 방증이겠지요? 흥미로운 것은 그러한 조지서의 임무 수행이 누군가에게는 두려움의 대상이었다는 점입니다. 당시 수령과 아전들에게 조지서는 호환 마마보다 더 무서운 존재였던 것입니다.

05

유배형 받은 코끼리
말 많고 탈 많은 조선의 동물들

사람 해한 코끼리를 전라도 섬으로 보내소서

《조선왕조실록》의 원문과 번역을 제공하는 누리집은 '인기검색어'를 검색창 하단에 제시하고 있습니다. 이 누리집은 연구자만이 아니라 누구나 이용 가능합니다. 그 때문인지 인기검색어는 주로 대중적으로 유명한 사건이나 인물들이 차지하고 있습니다.

몇 년 전까지 인기검색어 중 하나가 '코끼리'였습니다. 코끼리는 한반도에 자생하지 않는 동물이었기 때문에 인기검색어에 올라와 있는 것이 신기했을 겁니다. 인기검색어에 올라와 있다 보니 이 누리집을 방문하는 사람들이 호기심에 코끼리를 검색해 보는 일이 빈번했고, 이러한 일이 반복되면서 코끼리가 상당히 오랫동안 인기검색어에 등재된 것으로 보입니다.

조선의 코끼리 이야기는 태종부터 세종 초반까지 이어지는데, 그 내용은 대략 다음과 같습니다. 1411년(태종 11) 2월 22일(계축) 일본 국왕 원의지源義持가 코끼리를 선물로 보내자 태종은 사복시로 하여금 돌보도록 했습니다. 사복시는 왕의 말과 가마 등 왕의 이동 및 이동 수단을 관리·감독하는 부서였습니다. 코끼리는 때에 따라 이동 수단으로 사용될 수 있지만, 이동 수단으로 보고 사복시로 보낸 것은 아니었습니다. 아마도 코끼리의 큰 덩치를 소화할 수 있는 동물 우리를 보유하고 있는 부서로 보냈다고 봐야 할 것 같습니다.

1년 10개월이 지난 1412년(태종 12) 12월 10일 공조 전서를 역임했던 이우가 코끼리에 밟혀 죽는 사건이 벌어졌습니다. 이우가 코끼리를 보러 간 것은 현재 우리가 동물원에 가는 마음, 즉 호기심과 신기함 때문으로 보입니다. '상'으로 읽는 한자 '象'은 코끼리를 형상화한 문자입니다. 조선에는 코끼리가 자생하지 않았기 때문에 이 문자의 원형이 되는 코끼리를 볼 수 없었습니다. 문자로 코끼리를 상상할 뿐이었지요. 현재 우리는 코끼리를 볼 수 있기 때문에 '장님 코끼리 만지기' 같은 비유를 확실히 이해할 수 있지만, 당시 조선 사람들은 코끼리를 볼 수 없었기에 '맹(인)모상盲摸象' 같은 표현은 뜻으로만 이해할 뿐이었습니다. 그렇기에 이우는 문자로만 상상해오던 '상象'을 보기 위해 갔을 것이며, 마찬가지 이유로 이우뿐 아니라 많은 사람이 코끼리를 보러 갔을 것으로 생각됩니다.

[그림 23] 〈태평성시도太平城市圖〉(부분)
성 안의 생활 모습을 종합적으로 그린 일종의 성내 풍속도로서 조선 후기 풍속
화의 소재가 될 수 있는 각종 장면들을 망라하고 있다. 좌측 위편에 코끼리의
모습이 보인다. * 소장처: 국립중앙박물관.

기록에는 "이우가 삼군부로 코끼리 구경을 갔다가 그 생김새를 놀리면서 침을 뱉었는데, 코끼리가 화가 나서 이우를 밟아 죽였다"고 되어 있습니다. 흥미로운 내용입니다. 이우가 코끼리의 화를 유발했다는 책임론이 포함되어 있기 때문입니다. 코끼리를 의인화한 표현이지만 동물이라도 침을 뱉으면 싫어할 수 있다는 인식이 있었던 것으로 생각됩니다. 코끼리 입장에서 생각해보면, 이우가 자신 앞에 얼쩡거리며 귀찮게 했거나 코끼리의 심경에 거슬리는 어떤 행동을 했기 때문에 발을 들어 이우를 공격한 것으로 추측됩니다.

이로부터 약 1년이 지난 1413년(태종 13) 11월 5일(신사) 코끼리는 전라도의 섬으로 보내졌습니다. 사람을 죽였기 때문이었습니다. 병조판서 유정현은 코끼리가 나라에 보탬이 되는 것은 없으면서 일 년에 콩 수백 석을 먹는데 두 사람을 다치게 했다면서, 사람을 죽였기에 사형에 처해야 하나 주공周公이 코뿔소와 코끼리를 몰아낸 고사를 본받아 전라도의 섬으로 보내자고 했습니다. 약 1년이라는 시간과 두 사람을 다치게 했다는 것으로 봐서, 이우가 죽었을 때는 별다른 조치가 취해지지 않았다가 한 사람이 더 다쳤기 때문에 이러한 논의가 있었던 것으로 보입니다.

코끼리를 유배 보내자는 유정현의 생각이 다소 황당할 수 있을 겁니다. 하지만 이미 코끼리를 의인화하여 봤던 기록으로 짐작해보면 충분히 가능한 생각이라 여겨집니다. 의문은 이러한 유정현의 요청을 태종이 웃으면서 수용했다는 것입니다. 태종이 웃은

이유가 과연 '코끼리 유배'를 황당하게 생각해서였을까요?

주목되는 부분은 코끼리 담당 부서가 1411년에는 사복시, 1412년에는 삼군부, 1413년에는 병조로 나타난다는 것입니다. 유정현은 코끼리가 1년에 콩 수백 석을 먹는다고 말했습니다. 이후에도 확인되지만, 코끼리의 콩 섭취량이 상당했기 때문에 코끼리를 돌보는 부서는 재정적인 부담을 안고 있었습니다. 이런 점에서 보면, 코끼리를 유배 보낸 것은 병조의 재정적인 압박을 벗어나기 위해 사람을 다치게 했다는 이유를 든 것 아닌가 추정됩니다.

1414년(태종 14) 5월 3일(을해) 코끼리는 다시 육지로 보내졌습니다. 태종이 "코끼리를 전라도 순천부 장도獐島에 방목했는데,

[그림 24] 상준象尊
국가 제사의례에 사용된 제기祭器로
표면에 코끼리를 그려 넣거나 코끼리 모양으로 만든 술동이. 코끼리는 다양한 제기에 등장할 정도로 조선에서 완전히 낯선 동물은 아니었다.
서울대학교 규장각한국학연구원 소장.
① 《경모궁의궤景慕宮儀軌》
② 《대명집례大明集禮》
③ 《국조오례서례國朝五禮序例》
④ 《태학지太學志》
⑤ 《종묘의궤宗廟儀軌》
⑥ 《춘관통고春官通考》
⑦ 《세종실록오례世宗實錄五禮》
⑧ 《제기급찬실도祭器及饌實圖》

수초를 먹지 않아 날로 수척해지고 사람을 보면 눈물을 흘린다"
는 보고를 받고, 코끼리를 불쌍히 여겨 육지로 보내 처음처럼 돌
보도록 했던 것입니다. 아마도 경험상 코끼리는 초식을 한다는
것을 알고 있었지만, 섬에서 대량의 풀을 구하기 어려웠기 때문
에 해초를 준 것으로 생각됩니다. 이 기록으로 보았을 때 코끼리
는 해초를 먹지 않는다는 것을 유추할 수 있습니다.

순천부 장도라고 되어 있지만, 《세종실록지리지》와 《동국여지
승람》의 기록으로 보아 낙안군의 장도를 가리키는 것으로 생각됩
니다. 장도는 1896년 돌산군 소속이 되었다가 1914년 돌산군이
고흥군과 여수군으로 분할될 때 고흥군 소속이 되었습니다. 이후
1983년 보성군 벌교읍으로 이관되어 현재 전라남도 보성군 벌교
읍 장도리로 이어지고 있습니다. 《세종실록지리지》에 따르면, 당
시 장도에는 말 31필을 방목해서 키우는 목장이 있었습니다. 이곳
에서 코끼리를 방목하여 키웠던 것으로 보입니다.

도성에서 낙안군의 장도까지 코끼리는 어떻게 갔을까요? 아마
도 낙안까지 걸어가서 배를 타고 들어갔을 겁니다. 당시 사람들
에게 코끼리 유배길은 신기한 장면이지 않았을까요? 그러나 직접
돌봐야 하는 관의 입장에서 코끼리는 상당히 거추장스러운 존재
였습니다. 1420년(세종 2) 12월 28일(임술) 전라도 감사는 세종에게
"코끼리를 네 곳에서 돌아가며 기르고 있는데, 폐해가 커 백성들
에게 부담이 되니 충청도와 경상도까지 돌아가면서 기르도록 해
달라"고 요청했습니다. 이 요청은 상왕으로 있던 태종에 의해 받

아들여졌습니다. 당시 국방·군사에 관한 일은 태종이 담당하고 있었는데, 외교 선물로 보내진 코끼리였기 때문에 태종이 관리했던 것으로 보입니다. 다음해인 1421년(세종 3) 3월 14일(병자) 충청도 감사는 다음과 같이 보고했습니다.

공주에 코끼리를 기르는 종이 코끼리에 차여서 죽었습니다. 코끼리는 국가에 도움이 되는 것이 없고, 사료로 들어가는 꼴과 콩이 다른 짐승보다 열 배나 되어 하루에 쌀 2말, 콩 1말씩을 소비하는데, 1년이면 쌀 48섬, 콩 24섬입니다. 화를 내면 사람을 해치니 이익이 없을 뿐 아니라 도리어 해가 되니, 바다 섬 가운데 있는 목장에 내놓으소서.

충청도 감사는 코끼리를 돌보던 종이 코끼리의 발길에 차여 죽었다면서, 코끼리를 다시 섬으로 보내자고 했습니다. 병조의 요청과 마찬가지로 코끼리를 기르는 데 사료가 너무 많이 들어간다는 하소연도 덧붙였습니다. 코끼리가 처음 조선에 왔을 때는 매일 4~5두의 콩을 먹었다고 기록되어 있는데, 이때의 기록에서는 하루에 쌀 2말과 콩 1말씩을 먹었다고 했습니다. 두와 말은 같은 의미입니다. 콩이 쌀로 바뀐 것을 감안하면 대략 먹는 양은 비슷했던 것으로 보입니다. 코끼리가 하루에 먹는 양이 어마어마하다는 것은 이미 널리 알려져 있었습니다. 지방의 군현들로서는 코끼리 사료가 엄청난 부담이었지요. 이에 충청도 감사는 사람이 죽었다는 것을 이유로 들며 코끼리를 다른 곳으로 보내달라고 했던 것입니다. 결국 세종은 코끼리를 섬이지만 물과 먹이가 좋은 곳으로 보내고, 병들어 죽지 않도록 잘 돌보라고 했습니다.

코끼리는 일본에서 왔지만, 일본도 코끼리가 자생하는 곳은 아니었습니다. 일본 측 자료에 따르면 이 코끼리는 동남아시아 쪽에서 일본으로 보낸 선물이었다고 합니다. 자신들이 선물로 받은 코끼리를 다시 조선에 선물로 보낸 셈이지요. 그렇게 조선으로 오게 된 코끼리는 조선에서도 한곳에 정착하지 못하고 이리저리 옮겨 다녀야 했습니다. 참 처량하고 기구한 삶입니다.

외교 선물 원숭이, 사신 접대용 귀한 몸 닭·돼지

외교 선물로 조선에 들어온 동물이 코끼리뿐이었을까요? 지금도 외교 차원에서 동물을 선물하곤 합니다. 주로 상대국에 없거나 멸종 위기에 처한 동물들이 우호의 상징으로 보내집니다. 우리나라에 들어온 중국의 판다, 시베리아 호랑이 등이 대표적이지요. 동물을 선물로 보내는 외교는 전근대 사회에서도 마찬가지였습니다.

15세기 《실록》에서 일본이 보낸 코끼리 외에 외교적 상징물로서 동물이 오간 사례를 확인할 수 있습니다. 1410년(태종 10) 5월 17일(계미)에 따르면, 일본은 코끼리 외에 원숭이도 몇 차례 보냈던 것으로 확인됩니다. 태종은 그때마다 원숭이를 사복시로 하여금 기르도록 했다가, 군사가 주둔하고 있는 진鎭들에 나눠줬습니다. 원숭이 개체 수가 늘어나자 각 진에서 원숭이를 돌보도록 했던 것으로 보입니다.

1399년(정종 1) 5월 16일(을유)의 기록에 따르면, 여진족의 여러 부족 가운데 하나였던 오랑합吾郎哈이 이리(狼)를 선물로 보내와 궁중에서 길렀습니다. 궁중에서 길렀다고 기록되어 있지만, 아마도 후원이었을 겁니다. 정종은 이리가 한 달에 닭을 60여 마리를 먹는다면서, "유용한 동물로서 무용한 동물을 기를 수 없다"고 말하며 사람이 없는 곳에 놓아주라고 했습니다. 닭이 유용하다고 한 것은 달걀을 낳기 때문이었습니다. 그런 닭을 한 달에 60여 마리, 그러니까 아침저녁 각 1마리씩 하루에 2마리나 먹었던 것입니다.

1408년(태종 8) 4월 18일(병신) 조선에 왔던 명 사신 황엄은 자신들을 위해 연회를 베풀어준 것에 대해 감사해하며 원숭이를 세 마리(수컷 2, 암컷 1) 선물했습니다. 아마도 적절한 상황을 엿보다가 선물로 주기 위해 명나라에서 가져온 것으로 보입니다. 6개월이 지난 10월 17일(신축), 이번에는 당시 세자였던 양녕대군이 황엄에게 사냥개를 선물했습니다. 황엄은 조선에서 얻은 사냥개를 여러 관원에게 판매하여 이득을 보았는데, 이러한 사정을 알고 있던 양녕이 사냥개를 선물로 주었던 것입니다.

황엄은 조선 출신 환관으로 영락제의 총애를 받았습니다. 조선에서 태어난 환관이라는 독특한 지위 덕분에 그는 조선을 자주 오

[그림 25] 〈노원老猿〉

김익주, 《화원별집》(조선 후기). 18세기 말~19세기 초 조선 후기의 대 수장가인
석농 김광국의 화첩 《석농화원》의 별집 《화원별집》에 수록된 화가 김익주의 그림.
어미 원숭이가 나뭇가지에 매달려 재롱을 부리는 새끼 원숭이를 바라보고 있다.
원숭이는 외교 선물로 조선에 들어오곤 했다.

* 소장처: 국립중앙박물관.

갔습니다. 조선은 황엄을 통해 이익을 도모했고, 명도 조선 사정에 밝은 황엄을 통해 자신들의 이익을 도모했습니다. 황엄도 나름대로 이러한 상황을 충분히 이용했지요. 즉 3자가 모두 이러한 상황을 알고 각자의 이익을 도모했던 것입니다.

양녕대군은 사냥을 좋아하여 개인적으로 사냥개를 여러 마리 훈련시켰습니다. 일국의 세자로서 명의 사신과 돈독한 관계를 유지하는 것은 나쁠 것이 없었고, 조선의 입장에서도 손해보다는 득이 많았습니다. 이러한 상황을 왕이었던 태종이 모를 리 없었습니다. 오히려 태종의 암묵적인 승인 아래 이뤄졌다고 보는 편이 합리적일 것입니다. 즉 양녕대군의 사냥개 선물은 사신 접대라는 측면에서 조선이 취한 외교 전략의 하나였다고 보아야 할 것입니다.

한편, 명 사신단이 오면 조선은 명 사신단을 위한 식사를 마련해야 했습니다. 흥미로운 것은 명 사신단을 위해 닭과 돼지가 사용되었고, 조선은 이를 위해 닭·돼지 등을 기르고 있었다는 점입니다. 아래 사료는 조선으로 왔던 명 사신단의 규모가 커서 식사에 소요되는 닭과 돼지의 수량을 맞추지 못하게 되자, 해결 방안을 찾기 위해 논의하는 과정을 대화체로 재구성한 것입니다.

안숭선: 지금 오는 사신과 두목頭目이 너무 많아, 닭·돼지를 이바지할 수 있을까 염려됩니다. 도성 안 인호人戶에게 분정分定하여 수납하도록 해야 합니다.

세종: 쌀로써 사들이는 것이 어떻겠는가?

안숭선: 국고의 쌀은 한정되어 있으니 만약 사신이 돌아갈 때까지 매매하여 마련한다면, 국고는 텅 빌 것입니다.

세종: 민에게서 거두는 것은 의리상 미안하다.

안숭선: 도성과 외방을 어찌 분간하겠습니까? 외방이 납부하는 것 또한 민간에서 거두는 것입니다. 만약 마땅히 거두지 말아야 할 것을 거두는 것이라면 전하의 말씀이 마땅하겠지만, 지금 거두려고 하는 것은 사세가 다급하여 부득이할 따름입니다.

세종: 옛사람이 말하길, "군사의 일은 민에게서 거둔다 하더라도 무방하다"고 했다.

안숭선: 지금 사신 접대의 중함이 어찌 군사보다 가볍겠습니까?

세종: 이 일은 호조와 의논하여 다시 아뢰어라.

《세종실록》권53, 세종 13년 7월 18일 경진)

    이 대화는 명 사신단의 식사에 사용할 닭과 돼지의 수가 부족하다는 문제에서 시작되었습니다. 안숭선은 부족한 닭과 돼지를 도성의 민호에게 할당하여 거두자고 했습니다. 이에 세종은 군사와 관련된 일이 아니면 강제로 거둘 수 없다고 말하며 국고의 쌀로 구매하자고 했습니다. 안숭선은 함부로 거둘 수 없다는 세종의 뜻에 동의하면서도 '사신 접대는 군사軍事 업무'라는 논리로 세종을 설득했습니다. 세종은 호조와 문제를 검토한 끝에 도성 안의 환과고독鰥寡孤獨(늙은 홀아비와 홀어미, 고아 및 늙어서 의지할 데 없는 사람) 등 생활이 어려운 가호

를 제외하고 닭·오리를 가리지 않고 대호大戶 5마리, 중호中戶 3
마리, 소호小戶 1마리씩 일괄 부여하도록 했습니다.

며칠 후 세종은 외방 군현의 관에서 키우는 닭을 가지고 오는
것은 어떻냐고 물었습니다. 아마도 백성에게 부과하여 수납하는
것이 못내 마음에 걸렸던 듯합니다. 안숭선은 수송하는 데 들어가
는 노고를 생각하면 경중에서 거두는 것만 못하다며 반대했지만,
결국 세종의 의견대로 도성 민에게 부과했던 닭 수납을 중지하고,
접대에 사용되는 물품이 부족하면 각 도의 감사가 군자미軍資米로
매매하여 마련하도록 했습니다. 사신 접대에 들어가는 비용이었
기에 국가가 필요하다는 논리로 민에게서 공출할 수도 있었습니
다. 그러나 세종은 그렇게 하지 않았습니다. 호조의 의견처럼 '임
시세' 명목으로 부과할 수 있었음에도 국고로 민간에서 사들여 부
족한 부분을 보충했던 것입니다.

이 대화에서 알 수 있는 것은 닭·돼지가 명 사신단을 위한 식
단에 꼭 필요했다는 것입니다. 현재 중국 요리에도 소보다는 닭·
돼지·오리를 활용한 요리가 많지요. 당시에도 마찬가지였던 모양
입니다. 명 사신단이 고향의 음식을 느낄 수 있도록 닭·돼지 등을
활용한 음식을 준비했던 것으로 보입니다.

조선에서 국가적으로 가축을 기른 곳은 사축서司畜署의 전신인
전구서典廐署와 예빈시禮賓寺였습니다. 1416년(태종 16) 5월 7일(무
술) 태종은 전구서와 예빈시에서 염소·양·당저唐猪(중국산 돼지)·기
러기·오리·닭 등을 기르는 데 먹이가 너무 많이 소비된다면서,

당저만 적당히 남겨두고 나머지는 외방 각도로 보내 기르도록 했습니다. 당저만 남겨두라는 것은 제사에 사용하기 위한 측면도 있지만, 위 사료와 연결지어 보면 명 사신단의 식자재로 사용하기 위한 측면이 주요 목적이었다고 생각됩니다.

그런데 이후 확인되는 사료를 보면, 태종의 조치는 전구서에만 해당하는 조치였다고 판단됩니다. 1421년(세종 3) 1월 22일(을유)의 기록에 따르면, 예빈시는 홍제원동弘濟院洞과 잉화도仍火島에서 양·돼지·닭·오리·당기러기[唐雁] 등을 기르고 있었습니다. 홍제원동은 현 홍제원을 말하며 잉화도는 여의도를 가리킵니다. 예빈시는 임시직에게 동물 사육 업무를 맡겨왔는데, 임시직들이 업무에 소홀하여 동물들이 야위어가자 정식 관료를 임명하겠다는 것이었습니다.

반면 전구서는 태종의 조치 이후 돼지만 키웠던 것으로 보입니다. 1425년(세종 7) 4월 20일(기미) 전구서에 있던 암돼지 580리 중 300마리만 남기고 나머지 200여 마리는 민간에 매매하여, 노인을 봉양하고 제사에 사용할 수 있도록 했습니다. 명목상의 이유는 "우리나라는 닭과 돼지가 흔하지 않아 노인을 봉양하고 조상에게 제사 지낼 때 시장에서 질 낮은 물건을 구매해 사용한다"라는 것이었습니다. 국가에서 제사를 권장하고 그에 필요한 제수용품을 민간에 공급해주는 모습이 낯설어 보입니다. 지금은 손쉽게 접할 수 있는 닭·돼지가 구하기 어려운 동물이었다는 사실도 알 수 있습니다.

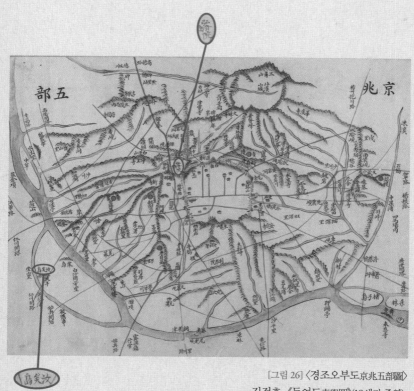

[그림 26] 〈경조오부도京兆五部圖〉
김정호, 《동여도東輿圖》(19세기 중엽).
서울의 동, 서, 중, 남, 북 5부를 나타낸 지도이고,
부근의 산계山系와 수계水系, 도로망, 주요 지명과 사물 등이 기록되어 있다.
양, 돼지, 닭, 오리, 당기러기 등을 기르던
예빈시가 위치한 홍제원과 잉화도(여의도汝矣島)가 보인다.
* 소장처: 서울대학교 규장각한국학연구원.

[그림 27] 〈평생도 8곡병平生圖八曲屏〉(부분)
작가 미상. 집 마당에 수탉과 병아리를 몰고 가는 암탉이 그려져 있다.
조선 시대에 닭은 명 사신단을 대접하기 위한 식사상에 올랐다.
* 소장처: 국립중앙박물관.

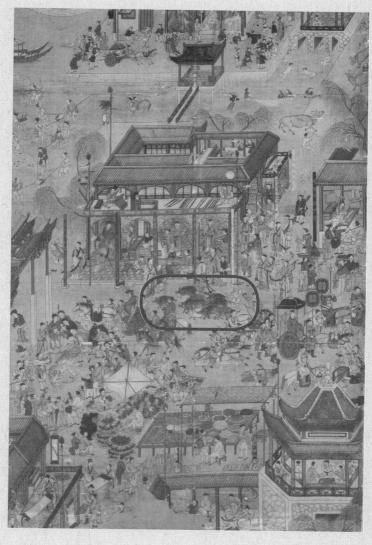

[그림 28] 〈태평성시도太平城市圖〉(부분)
작가 미상. 가운데에 돼지의 모습이 보인다.
조선 시대에 돼지는 닭과 함께 명 사신단을 대접하기 위한 식사상에 올랐다.
＊소장처: 국립중앙박물관.

닭은 고개를 갸웃할 수 있지만, 돼지를 집에서 키우긴 꽤 어려웠습니다. 특히 도성은 거주 지역도 부족한 데다가 집이 빽빽하게 들어서 있었기 때문에, 돼지를 키울 축사를 확보하는 것 자체도 쉽지 않았습니다. 잔반을 급식하여 돼지를 사육할 수 있었지만, 그러기엔 효용가치가 개보다 낮았습니다. 개는 집을 지켜줄 수 있지만 돼지는 그러지 못하기 때문입니다. 더욱이 사료가 풍부하지 못해 지금과 같은 양돈 사업은 사실상 어려웠습니다. 이러한 상황이 복합적으로 작용하여 돼지고기를 구하기 어려웠고, 설령 구할 수 있다고 하더라도 비쌌을 것입니다.

그렇다면 당시 국가는 이러한 상황을 타개하기 위해 돼지를 민간에 공급했던 것일까요? 물론 그 이유가 가장 클 것입니다. 그러나 좀 더 깊이 들여다보면, 국가에서 키우는 돼지의 수가 너무 늘어났다는 것이 돼지 출하의 배경이었습니다. 즉 돼지 개체 수가 늘어나자 민간 시장에 돼지를 출하하여 개체 수를 조절했던 것입니다.

이유 있는 '범 내려온다, 범 사라진다'

전구서와 예빈시 이외의 곳에서 동물을 키우는 경우도 있었습니다. 바로 대궐 후원에서 동물을 기르는 경우입니다. 앞서 정종이 선물 받은 이리는 후원에서 사육되었는데, 다른 동물과 함께 기를 수 없는데다 선물이었기 때문에 특별히 후원에서 길렀던 것으로 보입니다.

다른 사례로는 태종이 경복궁 후원에서 사슴을 기른 경우를 들수 있습니다. 태종의 명에 따라 광주 목사가 생포해온 사슴이었습니다. 세종은 상림원上林園에서 원숭이와 노루 한 쌍을 기르다가 인천의 용류도에 방생했습니다. 이 친구들은 제주 안무사 최해산이 바친 것이었습니다. 후원에서 동물을 기르는 것은 왕의유희 중 하나였습니다. 조선의 왕들은 몸소 검소·검약을 실천해야 했기 때문에, 개인적인 기호가 크지 않다면 굳이 동물을 기르려 하지 않았습니다. 개인의 기호를 위해 동물을 기르는 것과 비례하여 정치적 부담도 높아졌기 때문입니다.

그런데 제주도에서 원숭이를 바쳤다는 것이 조금 의아합니다. 현재 제주도에서 야생 노루는 볼 수 있지만, 야생 원숭이는 볼 수 없습니다. 그렇다면 당시 제주도에는 야생 원숭이가 있었던 것일까요?

제주도 야생 원숭이에 관한 기록은, 1434년(세종 16) 4월 11일(무오) 세종이 제주 목사가 기르고 있는 원숭이 6마리에 대해 키우겠다고 자원하는 사람이 있으면 육지로 보내 번식시키도록 했다는 내용이 확인됩니다. 이 원숭이들은 김인金裀이 제주 목사로 있을 때 잡아 길들였다가 현 목사 이붕李鵬에게 전해준 것이었습니다. 아마도 세종이 이 이야기를 듣고 원숭이를 번식시키기 위해 위와 같이 조치한 것으로 생각됩니다. 이러한 내용을 보면, 흔하지는 않았지만 제주도에도 원숭이가 있었던 것으로 보입니다. 그리고 이 원숭이들은 처음부터 제주도에 자생한 야생 원숭이라기보다는 일본과의 사적 교류를 통해 제주도로 전해졌다고 봐야 하지 않을까 생각됩니다.

당시 조선에서 사람들에게 확실히 각인된 야생 동물은 호랑이였습니다. 이미 알다시피 호랑이는 조선의 야생 동물 가운데 최상위 포식자였습니다. 그런 호랑이가 산에서 내려와 민가를 침범하는 일도 종종 있었지요. 1405년(태종 5) 7월 25일(무오)에는 경복궁 근정전 뜰에 호랑이가 들어오기도 했고, 전주 향교에서는 새로 이건한 향교에 호랑이가 들어올 것을 두려워하여 담장을 두르고 자물쇠를 채우기도 했습니다. 1418년(태종 18) 5월 26일(을해)에는 청계천에 표범이 내려온 적도 있었습니다.

그러나 사람이 늘어나고 개간이 이뤄짐에 따라 야생 동물이 살 수 있는 공간이 점차 줄어들었습니다. 1417년(태종 17) 윤5월 9일(갑자) "땅이 개척되고 민들이 늘어나, 금수가 드물어졌으니 군대를 동원해도 잡기 어렵다. 공상供上을 제외한 말린 노루고기·사슴

[그림 29] 〈한국의 호환虎患(Le Règne du Tigre en Corée)〉
프랑스 신문 《르 쁘띠 주르날Le Petit Journal》 1909년 12월 12일 자(995호)에 실린 삽화 "한국의 호환虎患, 일제가 무기 소지를 금지한 이래로 호랑이가 공포를 확산시키다Le règne du tigre en Corée, Depuis que les Japonais y ont interdit le port d'armes, les tigres répandent la terreur". * 소장처: 국립민속박물관.

LE RÈGNE DU TIGRE EN CORÉE
Depuis que les Japonais y ont interdit le port d'armes, les tigres répandent la terreur

고기는 각 고을에서 기르는 돼지·염소로 대신하자"는 의견이 제기되었습니다. 야생 동물 사냥의 어려움을 강조하기 위해 부풀렸을 가능성이 있지만, 군대를 동원해도 잡기 어렵다는 표현은 야생 동물 사냥이 힘들어진 당시 상황을 짐작하게 합니다. 구체적으로 노루·사슴을 돼지·염소로 대신하자고 했는데, 노루·사슴 개체가 감소했고, 이로 인해 호랑이·표범 같은 상위 포식자들이 민가 근처로 내려왔던 것이 아닌가 생각됩니다.

야생 동물이 줄어들었다는 것은 그만큼 경작지와 인구가 늘어났다는 의미였습니다. 시간이 갈수록 경작지는 산으로 확장되었고 야생 동물의 개체 수는 감소했습니다. 결국 1451년(문종 1) 1월 10일(경술) 호조는 "하삼도의 인구가 계속 늘어나고 민들이 조밀하게 거주하여 산마루의 땅[山嶺之地]까지 개간했으므로, 금수가 번식할 수 없으니 공안貢案을 고쳐 달라"고 했습니다. 같은 이유였지만 태종 대에는 특정 물품의 변경을 요청했었습니다. 그러나 이번에는 공안 수정, 즉 현물로 부과되는 세금의 원천 장부 수정을 요청하기에 이르렀던 것입니다. 아마도 야생 동물 개체 수가 급격히 감소되었던 것으로 보입니다.

줄어드는 야생 동물과 별개로 도성에서는 들개들도 사회 문제로 인식되었습니다. 1481년(태종 18) 4월 11일(신묘) 사고개 등지에 8~9마리의 개들이 무리를 지어 다니며 사람의 시체를 먹고, 사람을 만나면 에워싸고 공격하여 사람들의 왕래를 어렵게 한다는 보고가 올라왔습니다. 태종은 갑사甲士 10여 기騎에 명하여 들개를 사냥하도록 했습니다. 개라고 표현한 것으로 보아 이리·늑대와는 달랐던 것으로 보입니다. 사고개의 현재 위치는 정확히 알 수 없습니다만, 현 서울특별시 중랑구 망우동 인근으로 비정됩니다. 이 길은 서울과 강원도를 잇는 주요 간선도로였고, 사람들의 왕래가 빈번했기 때문에 이러한 문제가 왕에게까지 보고된 것으로 보입니다.

개는 공안에 등재되어 있지 않았기 때문에 사냥 대상도 아니었고, 무리를 지어 살며 잡식성이고, 꼭 산이 아니더라도 살아갈 수 있었습니다. 만약 노루·사슴 개체가 줄고, 이들을 잡아먹고 사는 호랑이·표범의 개체 수도 줄었다면, 천적이 줄어든 들개의 개체 수가 늘어나 사회 문제로 불거졌을 가능성도 생각해볼 수 있을 것 같습니다.

현재 한국 사회에서 야생 동물을 마주하는 것은 극히 드문 일입니다. '호랑이와 곶감' 같은 야생 동물 관련 설화들이 전해져서인지 우리는 무의식적으로 '과거에는 야생 동물과 친숙했다'라는 생각을 갖게 됩니다. 그러나 조선 시대에도 깊은 산에 들어가지 않는 이상 야생 동물을 만나기 어려웠습니다. 오히려 들개 등 사람과 함께 살아가는 야생 동물이 더 친숙했습니다. 경복궁에 내려왔던 호랑이는 자신도 사람과 함께 살아가는 생명체라는 사실을 보여주었지만, 사람은 아랑곳하지 않고 영역을 확대해갔고 호랑이는 그렇게 점차 사라져갔습니다.

• 참고문헌

《경국대전》
《신증동국여지승람》
《용재총화》
《조선왕조실록》(태조~성종)

김동진, 《조선의 생태환경사》, 푸른역사, 2017.
모모키 시로, 최연식 옮김, 《해역아시아사 연구 입문》, 민속원, 2012.
조흥국, 《한국과 동남아시아사의 교류사》, 소나무, 2009.
장지연, 《경복궁 시대를 세우다―새 권력은 왜 새 수도를 요구하였나》, 너머북스, 2018.
하우봉 외, 《조선과 유구》, 아르케, 1999.

금요일엔 역사책 5

15세기 조선 사람과 만나다
미아보호소부터 코끼리 유배까지

2023년 6월 21일 1판 1쇄 인쇄
2023년 6월 26일 1판 1쇄 발행

지은이	신동훈
기획	한국역사연구회
펴낸이	박혜숙
디자인	이보용
펴낸곳	도서출판 푸른역사
	우) 03044 서울시 종로구 자하문로8길 13
	전화: 02)720−8921(편집부) 02)720−8920(영업부)
	팩스: 02)720−9887
	전자우편: 2013history@naver.com
	등록: 1997년 2월 14일 제13−483호

 ISBN 979−11−5612−257−9 04900
       979−11−5612−252−4 04900(세트)

• 잘못 만들어진 책은 교환해드립니다.